Introducción a la Historia de España

Introducció

A

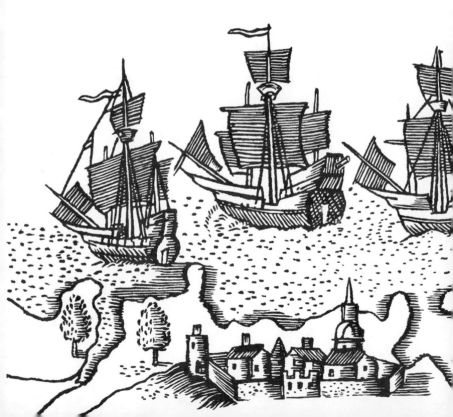

Historia de España

JUAN RODRÍGUEZ—CASTELLANO

DUKE UNIVERSITY

NEW YORK

OXFORD UNIVERSITY PRESS • 1956

© 1939, 1956 BY OXFORD UNIVERSITY PRESS, INC.

Library of Congress Catalogue Card Number: 56–6279

Seventh printing, 1966

PRINTED IN THE UNITED STATES OF AMERICA

Preface

Introducción a la Historia de España is an enlarged, thorough-going revision of *Historia de España (Breve Resumen)* written a few years ago by my sister, Caridad R.—Castellano, and me. Since the Spanish Civil War was at its height during the preparation of the book little mention was made of the Spain of that day.

To supply this omission, which would be noted by our students of today, two chapters dealing with this material have been added. A third chapter, 'Heritage of the Middle Ages,' will be found indispensable for the understanding of Spanish life of modern times.

The Chronological Table has been enlarged to serve the curious student for reference, statistics on population have been brought up to date, and modern theories on the ethnic composition of pre-Roman Spain have been incorporated. The notes of the present edition have been augmented and placed at the end of each chapter rather than in an appendix seldom consulted by the learner. The *Notas* often expand the necessarily compact material of the text; in some instances they explain legends or direct attention to paintings or literary works based on historical or legendary themes.

Besides presenting historical facts in a succinct and concise style, this text offers the student an outline of the culture of Spain. A few chapters are devoted to literature and the arts; literary genres and styles in art are discussed, and the most important authors and their representative works are listed. Needless to say, these chapters may prove too brief for those who prefer a more comprehensive treatment of Spanish literature and art, for which a more voluminous work would of course be necessary.

After the *Preguntas* of each chapter have been answered, it is suggested that as valuable exercise the *Notas* be translated into Spanish. The language of the *Notas* is never wordy, and experience has proved that students derive pleasure from this translation.

It is hoped that the present edition will meet with the same cordial reception accorded throughout the years to the original text. The new format, the increase in the number of maps and illustrations, the addition of new chapters and *Notas,* the new arrangement of material, and the corrections of a few inaccuracies lead us to believe that this edition will succeed in filling the lacuna in many schedules dealing with Spanish culture.

This volume in its first edition was designed for inclusion in the Oxford Library of Spanish Texts, and I wish to make acknowledgment to the editor of that series, Professor Aurelio M. Espinosa, of Stanford University, for his encouragement and wise counsel at that time.

Additionally, I am grateful to the many teachers who used the book in its earlier form for their comments and suggestions, to my colleague G. H. Miller for his careful reading of the proofs, and to the *Archivo Fotográfico* of the *Dirección General de Turismo* in Madrid for most of the non-credited illustrations.

J. R.—C.

Durham
April 1956

Índice

Página

Preface   v

Índice de Ilustraciones   xi

Tabla Cronológica   xv

I. Geografía de España. Situación geográfica de España. España, país de montañas. Ríos principales. Clima. Riqueza mineral. División territorial de España y su población.   3

II. España Prerromana. Época prehistórica. Los iberos. Los celtas. Los celtíberos. Pueblos colonizadores. Los cartagineses.   9

III. Los Romanos en España. Venida de los romanos a España. La conquista romana. Romanización de España. Desarrollo cultural.   15

IV. La Dominación Visigoda. Llegada de los pueblos bárbaros a España. Organización de la monarquía visigoda. Caída de la monarquía visigoda. Cultura de los hispano-visigodos.   22

V. La Dominación Musulmana. Conquista de España por los musulmanes. El Emirato y el Califato de Córdoba. Grandeza del Califato de Córdoba. Cultura de la España hispano-musulmana.   27

VI. Principios de la Reconquista. Comienzos de la Reconquista: Reinos de Asturias y León. Reino de Castilla. Órdenes militares y religiosas. Separación de Portugal. Cultura de este período.   36

VII. El Cid (Héroe Nacional) y el Apóstol Santiago (Patrón de España). Sancho II y El Cid. Alfonso VI. Conquista de Toledo. Destierro y hazañas del Cid. Significación del Cid. El Apóstol Santiago. El Camino francés.   45

VIII. Siglo XIII. Las Grandes Conquistas Cristianas. La cruzada española contra los musulmanes. Otras grandes conquistas cristianas. Cultura literaria y artística. La lengua castellana.   54

IX. Castilla durante los Siglos XIV y XV. Período de guerras civiles: Doña María de Molina. Pedro I *el Cruel*. Enrique III, Juan II y Enrique IV. La cultura durante el siglo XIV. La cultura en el siglo XV.   63

X. Cataluña, Aragón y Navarra. Unión de Cataluña y Aragón. España en Italia. La nobleza aragonesa. Cultura literaria y artística. El reino de Navarra.   70

XI. Herencia Medieval. La raza hispánica. Descentralización política. Otras aportaciones de la Edad Media.   77

XII. Edad Moderna. Los Reyes Católicos. Unión de Castilla y Aragón. La unidad política. Conquista de Granada. Unidad religiosa. Expulsión de los judíos. Dominación española en Italia. El Gran Capitán. Cultura literaria y artística.   87

XIII. Carlos V. El Imperio Español. Carlos V. Guerras con Francia. España, defensora del catolicismo. Otras empresas militares de Carlos V. Abdicación de Carlos V.   99

XIV. Supremacía de España. Felipe II. España, la nación más poderosa de Europa. Misión de España e ideal de Felipe II. Los Países Bajos. El problema de los moriscos. Juicio comparativo entre Carlos V y Felipe II.   105

XV. Descubrimiento y Conquista de América. Cristóbal

Página

Colón. Los Reyes Católicos y Colón. Descubrimiento de América. Otros descubrimientos. Conquistas de Méjico y el Perú. 111

XVI. **La Colonización Española de América.** España en América. Organización de los descubrimientos y conquistas. Carácter de la colonización española. 118

XVII. **Decadencia de la Casa de Austria.** Últimos reyes de la Casa de Austria. Felipe III. Felipe IV. Carlos II *el Hechizado.* Causas de la decadencia de España. 125

XVIII. **Cultura Científica y Literaria de España durante el Siglo de Oro.** Centros de cultura. La ciencia española. Características de la literatura española. Desarrollo de la novela. El teatro del Siglo de Oro. 133

XIX. **Cultura artística del Siglo de Oro.** Los grandes pintores españoles. *El Greco.* Velázquez. Ribera, Zurbarán, Murillo. Escultura. Arquitectura. Música. 143

XX. **Siglo XVIII. La Casa de Borbón.** Guerra de Sucesión. Felipe V. Fernando VI. Carlos III. La expulsión de los jesuitas. Carlos IV. España y Napoleón. La familia real española prisionera en Francia. 151

XXI. **La Cultura en el Siglo XVIII.** Centros de cultura. Literatura. Música. Arquitectura. Escultura. La pintura. Goya. 159

XXII. **España en el Siglo XIX.** Guerra de la Independencia. Fernando VII. Isabel II. La guerra civil. Amadeo de Saboya. La primera República. Restauración de la monarquía. Alfonso XII. Regencia de María Cristina. Independencia de las colonias americanas. 165

XXIII. **Cultura en el Siglo XIX.** El Romanticismo. El Realismo. Las artes. Albores de la época contemporánea. 173

Página

XXIV. España en el Siglo XX. Alfonso XIII. Dictadura militar. La República. Rebelión militar. Caída de la República.   180

XXV. Cultura en el Siglo XX. La generación del 98. Nuevas generaciones literarias. Literatura de la postguerra. Las artes en el siglo XX.   187

Epílogo. El régimen actual. El futuro de España.   195

Preguntas   197

Vocabulario   213

x

Índice de Ilustraciones

Página

Title page. Grabado de un libro del Siglo XVI

1. Paisaje castellano cerca de Soria. (*Courtesy of Spanish Tourist Office*)   5

2. Alicante: El paso del 'Mascarat' en la carretera de Valencia   6

3. La *Dama de Elche,* copia hecha por Ignacio Pinazo y Martínez. (*Courtesy of The Hispanic Society of America*)   11

4. Segovia: Acueducto romano   17

5. España en tiempo de los romanos   18

6. Mérida: Teatro romano   20

7. Córdoba: Interior de la mezquita   28

8. España en 1065. Los Reinos de Taifas   30

9. Granada: Vista de la Alhambra   32

10. La Alhambra (Granada): El Mirador de Daraja   34

11. España a principios del Siglo X   37

12. Soria: Ruinas del claustro de San Juan del Duero   39

13. España a principios del Siglo XII   40

14. Santillana del Mar (Santander): La Colegiata. (*Courtesy of Spanish Tourist Office*)   42

Página

15. El Cid Campeador, obra de Ann Vaughn Hyatt Huntington. (*Courtesy of The Hispanic Society of America*)   46

16. Toledo: Puerta nueva de Bisagra   48

17. El Apóstol Santiago matando moros en una batalla. (*Courtesy of The Hispanic Society of America*)   50

18. Santiago de Compostela (La Coruña): Pórtico de la Gloria en la catedral   52

19. España a principios del Siglo XIII   55

20. Ávila: Puerta de los Apóstoles en la catedral. (*Courtesy of Spanish Tourist Office*)   56

21. Toledo: Claustro de San Juan de los Reyes   59

22. Sevilla: Salón de Embajadores en el Alcázar   62

23. Toledo: Sinagoga de Santa María la Blanca   67

24. San Cugat del Vallés (Barcelona): Fachada del Monasterio. (*Courtesy of Spanish Tourist Office*)   71

25. Valencia: La Lonja, de fines del Siglo XV. (*Courtesy of Spanish Tourist Office*)   75

26. España en el Siglo XV   78

27. Sevilla: Puerta del Convento de Santa Paula con el escudo de los Reyes Católicos   81

28. Sorolla: Una cofradía en las calles de Sevilla durante las fiestas de Semana Santa. (*Courtesy of The Hispanic Society of America*)   83

29. Granada: Estatua orante de Isabel la Católica en la Capilla Real   88

30. Valladolid: Fachada de la Iglesia de San Pablo   91

Página

31. Valladolid: Patio del Colegio de San Gregorio   92

32. Salamanca: Fachada de la Universidad. (Nótese el relieve de los Reyes Católicos)   95

33. Tiziano: Carlos V a caballo   98

34. Juan Pantoja de la Cruz (1551–1609): Felipe II   104

35. El Escorial (Madrid): El famoso Monasterio   107

36. Sorolla: Colón en el momento de su salida de Palos. (*Courtesy of The Hispanic Society of America*)   112

37. Los Virreinatos españoles de América en el Siglo XVIII   119

38. Retrato de Felipe III, atribuido a Bartolomé González Serrano (1564–1627). (*Courtesy of The Hispanic Society of America*)   124

39. Velázquez: El Conde-Duque de Olivares. (*Courtesy of The Hispanic Society of America*)   127

40. Velázquez: La rendición de Breda, cuadro también llamado 'Las lanzas'   128

41. Juan Carreño de Miranda (1614–85): Carlos II. (*Courtesy of The Hispanic Society of America*)   130

42. Portada de un libro del Siglo de Oro   135

43. Salamanca: Patio de la Universidad   138

44. El Greco: El entierro del Conde de Orgaz (*detalle*). Iglesia de Santo Tomé, Toledo   142

45. Velázquez: La Infanta Margarita (*detalle del cuadro 'Las Meninas'*). Museo del Prado   145

46. Gregorio Hernández: La Piedad (*obra en madera*)   147

xiii

47. Madrid: La Plaza Mayor construida a principios del Siglo XVII. (*Courtesy of Spanish Tourist Office*)   148

48. Madrid: Plaza de Oriente y Palacio Real   153

49. Manuel Salvador Carmona (1734–1820): grabado con el retrato de Carlos III. (*Courtesy of The Hispanic Society of America*)   155

50. Goya: La familia de Carlos V. Museo del Prado   160

51. Goya: El 2 de Mayo de 1808 en Madrid. Lucha con los mamelucos. Museo del Prado   164

52. Zuloaga: Miguel de Unamuno. (*Courtesy of The Hispanic Society of America*)   177

53. Madrid: Plaza del Dos de Mayo   186

54. Madrid: Vista parcial de la Ciudad Universitaria   189

55. Barcelona: Fachada de la Iglesia de la Sagrada Familia 192

56. Madrid: Nuevo viaducto sobre la calle de Segovia. (*Courtesy of Spanish Tourist Office*)   193

*Tabla Cronológica**

Reyes visigodos
[412-711]

Eurico	466-484
Leovigildo	568-586
Recaredo	586-601
Wamba	672-680
Rodrigo	710-711

Emires dependientes de los califas de Damasco
[711-755]

Muza	711-713

Emires independientes de los califas de Damasco
[755-912]

Abderrahman I	755-788
Hixem I	788-796
Abderrahman II	822-852

Califas de Córdoba
[912-1031]

Abderrahman III	912-961
Alháquem II	961-976
Hixem II	976-1008

Sultanes almorávides
[1086-1146]

Sultanes almohades
[1146-1268]

Reyes de Asturias
[718-909]

Pelayo	718-737
Alfonso I *el Católico*	739-757
Alfonso II *el Casto*	791-842
Ramiro I	842-850
Ordoño I	851-866
Alfonso III *el Magno*	866-910

Reyes de León y Asturias
[910-1037]

Ordoño II	914-924
Ramiro II	931-951
Ordoño III	951-956
Ramiro III	966-984
Bermudo II	984-999
Alfonso V *el Noble*	999-1028
Bermudo III	1028-1037

Condes de Castilla
[932-1029]

Fernán Gozález	932-970
Garcí-Fernández	970-995
Sancho García	995-1017
García Sánchez	1017-1029

*Omitted from this table are the kings of Navarra, the kings of Aragón, the counts of Barcelona, and the names of many rulers of lesser importance.

Reyes de Castilla y León
[1037–1474]

Fernando I	1035–1065
Sancho II *el Fuerte*	1065–1072
Alfonso VI	1072–1109
Doña Urraca	1109–1126
Alfonso VII *el Emperador*	1126–1157
Sancho III *el Deseado*	1157–1158
Fernando II† (rey de León)	1157–1188
Alfonso VIII	1158–1214
Alfonso IX† (rey de León)	1188–1230
Enrique I	1214–1217
Fernando III *el Santo*	1217–1252
Alfonso X *el Sabio*	1252–1284
Sancho IV *el Bravo*	1284–1295
Fernando IV *el Emplazado*	1295–1310
Alfonso XI	1310–1350
Pedro I *el Cruel*	1350–1369
Enrique II *de Trastamara*	1369–1379
Juan I	1379–1390
Enrique III *el Doliente*	1390–1406
Juan II	1406–1454
Enrique IV	1454–1474

Reyes de Aragón y de Cataluña
[1162–1479]

Alfonso II	1162–1196
Pedro II	1196–1213
Jaime I *el Conquistador*	1213–1276
Pedro III *el Grande*	1276–1285
Alfonso III	1285–1291
Jaime II	1291–1327
Alfonso IV *el Benigno*	1327–1335
Pedro IV *el Ceremonioso*	1335–1387
Juan I	1387–1396
Martín I	1396–1410
Fernando I	1410–1416

Alfonso V *el Magnánimo*	1416–1458
Juan II	1458–1479

Unión Nacional

Isabel I (de Castilla) y Fernando V (II de Aragón)	1479–1504
Felipe I *el Hermoso* y Juana *la Loca*	1504–1506
Regencia de Don Fernando	1506–1516
Regencia del Cardenal Cisneros	1516–1517

Reyes de España
(*Casa de Austria*)

Carlos I (V de Alemania)	1517–1555
Felipe II	1555–1598
Felipe III	1598–1621
Felipe IV	1621–1665
Carlos II *el Hechizado*	1665–1700

(*Casa de Borbón*)

Felipe V	1700–1746
Fernando VI	1746–1759
Carlos III	1759–1788
Carlos IV	1788–1808

(*Rey usurpador*)

José Bonaparte	1808–1814

(*Casa de Borbón*)

Fernando VII	1814–1833
Regencia de la Reina María Cristina	1833–1843
Isabel II	1843–1868

(*Período revolucionario*)

Gobierno Provisional	1868–1871

† Notice that from 1157 to 1230 León separated from Castile and was governed during this period by *Fernando II* and *Alfonso IX*. Both kingdoms united again under *Fernando III*.

Amadeo *de Saboya*	1871–1873	*(Segunda República)*	
Primera República	1873–1874	Niceto Alcalá Zamora	1931–1936
(Restauración borbónica)		Manuel Azaña	1936–1939
Alfonso XII *el Pacificador*	1874–1885		
Regencia de la Reina			
María Cristina	1885–1902	*(Gobierno Nacional-Sindicalista)*	
Alfonso XIII	1902–1931	General Francisco Franco	1939–

xvii

Introducción a la Historia de España

i

Geografía de España

Situación geográfica de España. — Para comprender bien un país, su historia y su desarrollo, es necesario ante todo estudiar y conocer su situación geográfica, clima y riqueza natural. España, que en antiguos tiempos fué llamada *Iberia* y *Hesperia,*[1] ocupa una situación privilegiada entre las demás naciones de Europa por hallarse entre dos mares, el Mediterráneo y el Atlántico, y dos continentes, Europa y África, y por estar situada en la zona templada Norte. Ocupa la parte más occidental de Europa, la más cerca de América, y sus 1.698 millas de costa le reservan un futuro prometedor en la lucha del comercio internacional. Limita al Norte con el mar Cantábrico y los montes Pirineos, que la separan de Francia; al Este con el Mediterráneo; al Sur con el Mediterráneo y el Estrecho de Gibraltar; y al Oeste con el Océano Atlántico y Portugal. Su extensión superficial es de 195.504 millas cuadradas, siendo por su tamaño una de las naciones más extensas de Europa.

España, país de montañas. — La característica del suelo español es la variedad, característica que se repite en la formación de la raza y en su historia. Se dice, y con razón, que España es el país más montañoso de Europa después de Suiza. Montañas y cordilleras la cruzan en todas direcciones, siendo la Ibérica la única que se extiende de Norte a Sur,

3

desde el País vasco hasta el Mediterráneo. Las demás van en dirección Oeste, hacia Portugal. Cerca de Granada se levanta el pico de Mulhacén (11.660 pies), la más alta cima de la Península. En el centro se destaca la meseta de Castilla, una de las más elevadas y extensas de Europa.[2] Al borde de esta gran meseta hay dos valles extensos: el del Guadalquivir al Sur y el del Ebro al Nordeste, que son las regiones más fértiles del suelo español.[3]

Ríos principales. — De los cinco ríos principales: Duero, Tajo, Guadiana, Guadalquivir y Ebro, los cuatro primeros desembocan en el Atlántico, y este último lleva sus aguas al Mediterráneo. Los ríos españoles son, por lo general, ríos de montaña, de curso rápido y tortuoso y de difícil canalización. Los únicos navegables, y esto sólo en parte, son el Ebro, el Guadalquivir y el Tajo, que en su desembocadura forma el puerto de Lisboa, uno de los más amplios y hermosos del mundo. Este carácter tan irregular del suelo español y la dirección de sus ríos hacen casi imposible la construcción de vías fluviales entre las distintas provincias. De este modo, por falta de vías de comunicación, muchas secciones de España han vivido y viven aún en casi completo aislamiento del resto del país, y el amor a la región ha constituido un factor muy importante en la formación de la historia nacional.

Clima. — Como España es un país de configuración tan variada, formado de altas montañas, mesetas elevadas, valles profundos, y tierras bajas en la costa del Mediterráneo, se comprende que el clima sea diferente en las distintas partes del país. En el Norte, por ejemplo, y especialmente hacia el Oeste, es templado a causa de la influencia de la Corriente del Golfo, las lluvias son abundantes y los valles se cubren de un constante verdor. Por otro lado, la parte

4

Paisaje castellano

central escasea de lluvias, es una región seca y de clima muy variable, llegando a extremos excesivos de calor y frío. En las regiones a lo largo de la costa del Mediterráneo el clima es templado, más uniforme y menos variable que en la central, la estación del frío no es tan larga, las lluvias son más frecuentes, y, en general, el clima es más agradable y favorable para la agricultura, aunque a veces se sienten los vientos cálidos que vienen del Sahara.

Riqueza mineral. — El subsuelo español es rico en minerales. En tiempos remotos ya era conocida la Península por sus minas de *oro, plata* y *hierro*. Hoy día la producción de plata y oro es escasa; en cambio abunda en el Norte la de *hierro* y *carbón de piedra,* los dos minerales de mayor importancia en la

industria moderna. En la producción de *plomo* es sólo superada por los Estados Unidos y en *mercurio* es la más rica del mundo. También abunda el *cobre,* el *zinc, estaño, sal, manganeso, azufre* y aguas minerales de toda clase.

División territorial de España y su población. — Políticamente España está dividida, incluyendo sus islas,[4] en 50 provincias, pero geográficamente consta de trece regiones naturales, algunas de las cuales fueron reinos independientes en la Edad Media y aún conservan hoy carácter y costumbres muy diferentes.[5]

La población pasa de los 29 millones de habitantes. Las ciudades más populosas son *Madrid,* capital del país, con cerca de dos millones de habitantes; *Barcelona,* que se acerca al millón y medio; *Valencia,* con unos 600.000; *Sevilla,* con más de 400.000. Otras ciudades con más de 200.000 habitantes son Zaragoza, Bilbao, Málaga y Murcia.

El poderoso Imperio colonial que en otro tiempo tuvo España está reducido actualmente a algunas colonias y territorios de poco valor en la costa occidental de África: *Ifni, Río de Oro* (el Sahara español), *Río Muni* (la Guinea española) y las pequeñas islas de *Fernando Póo* y *Annobón* en el Golfo de Guinea. En Marruecos, al otro lado del Estrecho de Gibraltar, ejerce España un Protectorado sobre una región montañosa y pobre. Ceuta y Melilla (las ciudades más importantes de este Protectorado) pertenecen administrativamente a España — a las provincias de Cádiz y Málaga, respectivamente.[6]

NOTAS

1. From the Iberian word *iber* (river, stream) derives the name *Iberia* by which the whole peninsula (Spain and Portugal) is known today. The Greeks gave the name *Hesperia* ('the land of dawn') to Spain and to the

Alicante: El paso del 'mascarat' en la carretera de Valencia

western part of Africa known to them. The Cathaginians called the peninsula *Ispania* ('coast or land of rabbits'), which supposedly contains the Phoenician word *saphan* or *sphan* (rabbit). From *Ispania* derives the Latin form *Hispania* and later the Spanish *España*. The Arabs called the peninsula *Al-Andalus,* from which *Andalucía* is probably derived. The noun *Hispania* and the adjectives *hispánico, hispánica* are commonly used today as synonyms for *España* and *español, española.*

2. This tableland of central Spain ranges in height from 2,000 to 3,000 feet above sea level and is transversed by mountain ranges which separate the valley of the *Ebro* from those of the *Duero* and *Tajo.*

3. The flora of every climate is found in these valleys, including a great variety of agricultural products. The chief exports of Spain are wine, oranges, olive oil, almonds, cork, and, from the Canary Islands, bananas and an early variety of tomatoes.

4. The three insular provinces of Spain, with the islands which belong to each, are: *Islas Baleares* (with Mallorca, Menorca, Ibiza, Formentera, Cabrera), *Santa Cruz de Tenerife* (with the islands of Palma, Tenerife, Hierro, Gomera), and *Las Palmas* (with Gran Canaria, Fuerteventura, Lanzarore). The last two provinces belong to the Canary Islands archipelago, a short distance from the Moroccan coast.

5. These regions, with the provinces which each contains, are the following: *Galicia* (Coruña, Lugo, Orense, Pontevedra), *Asturias* (with only one province, Oviedo), *León* (León, Palencia, Valladolid, Zamora, Salamanca), *Extremadura* (Cáceres, Badajoz), *Castilla la Vieja* (Santander, Burgos, Logroño, Soria, Segovia, Ávila), *Castilla la Nueva* (Madrid, Toledo, Ciudad Real, Cuenca, Guadalajara), *Provincias Vascongadas* (Vizcaya: capital Bilbao, Álava: cap. Victoria, Guipúzcoa: cap. San Sebastián), *Navarra* (capital Pamplona), *Aragón* (Zaragoza, Huesca, Teruel), *Cataluña* (Lérida, Gerona, Barcelona, Tarragona), *Valencia* (Castellón de la Plana, Valencia, Alicante), *Murcia* (Albacete, Murcia), *Andalucía* (Córdoba, Sevilla, Jaén, Granada, Almería, Málaga, Cádiz, Huelva). It should be noted that most provincial capitals bear the same name as the province in which they are located. (The name *Levante* is usually given to the provinces located on the eastern Mediterranean coast.)

6. In April 1956 the Sultan of Morocco visited Madrid and the Spanish government recognized the independence of the territory that had been a Spanish protectorate. The cities of Ceuta and Melilla, Spanish for over three hundred years, presumably will remain an integral part of Spain.

8

ii

España Prerromana

Época prehistórica. — La ciencia moderna de la prehistoria
ha hecho sorprendentes descubrimientos en España, procla-
mando a la Península como uno de los centros más importantes del arte del hombre primitivo. En el norte de España,
por ejemplo, se hallan las principales manifestaciones del *arte
rupestre,* especialmente el de las representaciones pictóricas en
color sobre las rocas.[1] El techo de la cueva de Altamira (provincia de Santander), llamada 'la Capilla Sixtina del arte
prehistórico,' ofrece el ejemplo más maravilloso de este arte
primitivo tan realista. En el Sudeste (provincia de Albacete)
se da otra manifestación en la que no predomina la figura
animal como en el Norte, sino verdaderas composiciones de
figuras humanas estilizadas.

Es difícil la separación entre las razas anónimas de los períodos prehistóricos y las ya conocidas de tiempos más modernos. Se puede asegurar, sin embargo, que entre los siglos
XI y V antes de Cristo habitaron la Península ibérica varios
pueblos: (1) los que desde muy antiguo vivían allí, (2) los
que vinieron de fuera y permanecieron en el país, (3) los
que llegaron sólo a comerciar, y (4) los que resultaron de
la mezcla racial de los aborígenes con algunos de los invasores.

Los iberos. — Según historiadores griegos y latinos se
llamaban *iberos* los primeros habitantes de la Península

9

ibérica, pero se ignora su origen y la época en que entraron en España. Algunos les atribuyen procedencia mediterráneo-africana y creen que los modernos vascos son descendientes directos suyos.[2] Ocuparon principalmente las regiones de Levante y hasta llegaron al sur de Francia. Modernos descubrimientos arqueológicos prueban que algunos de estos pueblos iberos tuvieron una cultura bastante avanzada, principalmente las tribus que vivieron en contacto con colonizadores extranjeros. El admirable busto de la llamada *Dama de Elche* es el mejor ejemplo que se conoce del arte indígena influido por el griego (siglo V o IV a. de C.). Aunque los iberos conocieron la escritura, se desconoce la lengua que hablaban, pues hasta ahora los filólogos han sido incapaces de descifrar las inscripciones que se conservan.

Fuentes antiguas hacen referencia al pueblo *tartesio,* al que por mucho tiempo se ha considerado como perteneciente al grupo ibérico. Vivieron en el sur de España y parece que la época de su mayor florecimiento fué entre los años 750 a 500 a. de C. Los historiadores griegos nos dicen que los tartesios eran superiores en cultura a los iberos. Su capital, mencionada en la Biblia, debió ser *Tharsis* o *Tharshish,* ciudad muy rica que enviaba sus productos a los más apartados rincones del Mediterráneo.

Los celtas. — Eran los celtas de origen centro-europeo y pertenecían al tronco racial indogermánico. Invadieron la Península en varias ocasiones, pero el grupo más numeroso llegó a España en el siglo VI a. de C. Se extendieron rápidamente por aquellas partes no dominadas por tartesios (en el Sur) y por iberos (en las costas de Levante). En opinión de algunos, los habitantes del Noroeste de la Península son hoy los descendientes más puros de la raza céltica.

Los celtíberos. — De la mezcla de celtas e iberos en el cen-

10

La *Dama de Elche*

tro de la Península resultó la raza celtíbera. Esta fusión ocurrió al ocupar los invasores celtas esta parte del país en que ya había iberos, o — como suponen algunos — al regresar a la Península los iberos expulsados de Francia hacia el año 400 a. de C. Sea como sea, este elemento *celtibérico* es tal vez el más importante de la historia étnica de España.

Pueblos colonizadores. — Desde tiempos muy antiguos se advierten en España influencias orientales. El país tenía fama de ser rico en metales, sobre todo en cobre y plata, y allí se detenían los comerciantes que iban por mar a las islas Casitérides en busca de estaño. Pero los dos pueblos que tuvieron más relaciones comerciales con la Península fueron los fenicios y los griegos. Ninguno de los dos, sin embargo, contribuyó grandemente a la formación étnica de la raza hispánica.

Los *fenicios* eran un pueblo de origen semita, que por su situación geográfica (costa de Siria) estaba llamado a ejercer una misión comercial. Antes de llegar a España ya habían establecido factorías a lo largo de la costa africana, en lugares que tenían buen puerto. Si el país alrededor era rico en productos y sus habitantes eran de condición pacífica, convertían estas factorías en colonias. Se supone que llegaron a la Península en el siglo XII a. de C., y en las costas del Sur fundaron colonias importantes como Málaca (hoy Málaga) y Gádir (hoy Cádiz), considerada por muchos la ciudad más antigua de Occidente. (Esta colonia de Cádiz, cuya fundación se supone tuvo lugar en el año 1100 a. de C. fué uno de los centros más importantes de su imperio colonial.) En España explotaron las minas de cobre, establecieron fábricas de salazón a fin de llevar a Oriente los pescados del Atlántico y, en general, comerciaron extensamente con las tribus vecinas.

12

También los *griegos* fundaron colonias a lo largo de las costas del Mediterráneo, siendo tal vez las más importantes las de Rosas y Ampurias en el nordeste español (siglo VI a. de C.). En rivalidad con los fenicios, lograron establecer relaciones amistosas con los tartesios y extender su comercio por regiones del interior. Como pueblo más civilizado que los fenicios, ejercieron más influencia cultural en los indígenas, con quienes comerciaron principalmente en sal, materias tintóreas y metales.

Los cartagineses. — Procedentes de Cartago (antigua colonia fenicia en el norte de África), los cartagineses se presentaron en España como conquistadores y no como colonizadores. Llamados — según una tradición — por los fenicios para que les ayudaran en sus luchas con los tartesios y griegos, entraron en la Península en el siglo V a. de C. y en poco tiempo se apoderaron de la parte occidental y meridional de la misma, estableciendo un gobierno dependiente del de Cartago, al que dieron por capital Cartago-Nova (hoy Cartagena). El pueblo cartaginés no era un pueblo mercantil; su ambición era la de vencer a los romanos y hacerse dueños del Mediterráneo. Para lograr esto necesitaban hacer de la Península ibérica centro de sus operaciones militares.

Después de la primera guerra *púnica*[3] (264-241 a. de C.), en la que los romanos salieron vencedores, Cartago envió a España (238), al frente de poderoso ejército, al general Amílcar Barca a fin de crear un fuerte imperio colonial que, con el tiempo, les ayudara a vengarse de la derrota sufrida en Sicilia. A Amílcar sucedió su yerno Asdrúbal, más tolerante con la población indígena, y a su muerte (221 a. de C.), el ejército eligió general a Aníbal, joven de 25 años, decidido, valiente y gran militar, quien desde la edad de trece años

13

había aprendido el arte de guerrear en España. Para llevar a cabo el ideal de su vida — la destrucción del poder romano — reclutó gran número de soldados mercenarios[4] y se aventuró a la arriesgada empresa de cruzar los Pirineos y los Alpes. Ya en Italia, logró vencer en cuatro famosas batallas a los mejores generales romanos. Pero mientras Aníbal estaba en Italia, los romanos desembarcaron en España y en el espacio de pocos años (218–205 a. de C.) acabaron con el dominio cartaginés.

NOTAS

1. The word *rupestre* is derived from *rupes* (rock) and is applied to the paintings found on the ceiling and walls of prehistoric caves. In this art predominate the figures of bison, horses, reindeer, wild boars, and elephants, portrayed with great realism and expressiveness.

2. The Basque belong to a race of unknown origin. Some think that the Basque language of today, *eúskaro,* or *vascuence*—a language that seems to have no relation to any of the known languages—is derived from that spoken by the first inhabitants of the Iberian peninsula.

3. The 'Punic Wars' (Latin *punicus,* Carthaginian) were the struggle carried on for more than a century between the most powerful nations of that time, the Carthaginians and the Romans, for the commercial supremacy of the Mediterranean. In the third and last of these wars (149–146 B.C.), Carthage, the capital, was burned and its 700,000 inhabitants dispersed or killed.

4. In his attempt to conquer more territory from which to recruit more mercenarian soldiers for his expedition to Italy, Hannibal met with the strong resistance of *Sagunto.* This city, friendly to the Greek colonies near by, asked the Romans for help; but, since the latter were unable to come to her defense, she surrendered after most of her inhabitants had perished in the flames rather than fall into the hands of the enemy. This heroic deed, like that of Numancia (next chapter), has been extolled by poets and dramatists. A play called *La destrucción de Sagunto* by José María Pemán and F. Sánchez Castañer was performed with great success in the old Roman amphitheater in that city in the spring of 1954.

14

...
iii

Los Romanos en España

[218 a. de C.–414 d. de C.]

Venida de los romanos a España. — Las colonias griegas se habían mostrado siempre hostiles a los cartagineses y cuando los romanos desembarcaron en España (218 a. de C.) no les opusieron resistencia. Por este motivo, el general Publio Cornelio Escipión se apoderó en pocos años del Sur y Este de la Península. Cuando se entregó Cádiz (205 a. de C.) acabó el dominio de los cartagineses.

La conquista romana. — La conquista del interior del país fué tarea más larga y difícil, que no terminó hasta el año 19 d. de C. Las tribus ibéricas, unas veces aisladas y otras formando federaciones, demostraron algunas de las cualidades características de la raza hispánica: amor a la independencia, resistencia física, indisciplina, espíritu de sacrificio y valor heroico. El caudillo lusitano *Viriato* luchó con éxito por más de ocho años contra las poderosas legiones romanas.[1] Por otro lado, la ciudad celtibérica de *Numancia* resistió por diez años contra los invasores, hasta que vino a España el gran militar Publio Escipión Emiliano, el destructor de Cartago, quien después de organizar el asedio de la ciudad y cortar toda posibilidad de huída a sus habitantes logró entrar en la plaza, no encontrando en ella más que muertos y ruinas. Los numantinos habían preferido incendiar la ciudad y morir peleando antes que aceptar las duras condiciones del conquistador.[2]

15

El período de paz que siguió a la rendición de Numancia (133 a. de C.) duró poco tiempo, pues la Península se vió envuelta en guerras civiles entre los mismos romanos. Además, los cántabros y astures, habitantes de las regiones montañosas del norte del país, se negaron a aceptar el yugo romano. Fué tan feroz su resistencia que el mismo emperador Augusto tuvo que venir a España para dirigir personalmente la guerra, la cual terminó después de cinco años de tenaz lucha. Desde este momento (19 a. de C.) España entra a formar parte del Imperio romano, el primer invasor que llegó a dominar toda la Península.[3]

Romanización de España. — Se puede decir que a fines del siglo I (d. de C.) los españoles, sobre todo los del Sur y Levante, ya estaban acostumbrados al modo de vida romano y habían asimilado de una manera rápida y completa su civilización: ideas, costumbres, lengua, traje y religión. La raza vencida no perdió todos sus rasgos distintivos, pero por primera vez los habitantes de la Península adquirieron conciencia de comunidad que no habían sentido antes. Esto ocurrió cuando se aplicó el derecho romano a esta provincia del Imperio, y principalmente cuando el emperador Caracalla concedió el derecho de ciudadanía a todos los hombres libres en sus dominios (212 d. de C.).[4] Los españoles de entonces aceptaron las instituciones romanas, especialmente el régimen municipal, aprendieron el latín—que llegó a ser la lengua de todo el país[5]—desarrollaron el comercio y explotaron las minas con que suministraban a la metrópoli de enormes cantidades de oro, plata, plomo, mercurio, cobre y otros metales.

Los romanos también dieron gran impulso a la agricultura (a España la llamaban 'el granero de Roma') y a la ganadería, siendo los caballos del sur de España muy apreciados en

Acueducto romano de Segovia

los espectáculos de circo por su ligereza. Igualmente construyeron obras públicas de todas clases: caminos muy bien trazados, puentes, acueductos magníficos como el de Segovia—
que todavía se conserva en excelente estado—templos, arcos
triunfales y edificios de enormes proporciones para espectáculos, como el teatro de Mérida y el anfiteatro de Itálica.

La influencia de Roma fué grande en todos los órdenes;
pero los tres elementos que más impresión dejaron en la vida
cultural, política y social de los hispanos fueron: la lengua,
madre del castellano; la religión cristiana[6] y el derecho, base
de la legislación moderna. Pero si grande fué la herencia que
Roma dejó a España, grande fué también la contribución
hispánica al engrandecimiento del Imperio romano—en la
política y en la literatura. Entre los emperadores famosos que

ESPAÑA ROMANA
desde 27 a. de C-217 d. de C
—— Vía Augusta, de Roma
a Gádes

tuvo Roma se destacan los que nacieron en España o fueron descendientes de hispanos. *Trajano* (98–117), nacido en Itálica, figura en lugar preeminente. Durante su gobierno el Imperio alcanzó su máxima extensión territorial.

Desarrollo cultural. — España no sólo asimiló la cultura y civilización romanas sino que fué su continuadora durante los dos primeros siglos de la Era Cristiana. Además de los cuatro emperadores que dió al Imperio,[7] España contribuyó de tal modo al florecimiento de la literatura latina que al siglo I se le puede llamar siglo hispánico. De Córdoba, por ejemplo, era la familia de los Séneca, la cual se da a conocer con *Mario Anneo Séneca* (57 a. de C.–32 d. de C.), buen orador y hombre de gran integridad moral. *Lucio Anneo Séneca* (4 a. de C.–65 d. de C.), hijo del anterior, es una de las figuras más notables de la antigüedad. Fué maestro del emperador Nerón, sobre el que ejerció gran influencia por cinco años; más tarde se le acusó de tomar parte en una conspiración contra el tirano y éste le condenó a muerte, sentencia que el filósofo cumplió abriéndose las venas en el baño. Murió serena y dignamente, de acuerdo con su concepción estoica de la vida, como aquel otro hombre famoso de la antigüedad: Sócrates. De la Bética también fueron *Marco Anneo Lucano* (38–65), sobrino del filósofo Séneca, que alcanzó gran fama como poeta épico; *Columela,* autor de un importante tratado sobre agricultura; *Pomponio Mela,* que escribió un libro de Geografía muy leído en el Renacimiento. De otras regiones de España fueron: *Marco Valerio Marcial* (40–104), el mejor poeta satírico de la literatura latina; *Fabio Quintiliano* (35–95), insigne retórico y autor de un notable tratado sobre esta materia, y muchos otros. En todos ellos se descubren muchos de los rasgos de la manera de ser hispánica: gravedad, sentimiento moral, imaginación, mucha sonoridad y abundancia de colorido.

NOTAS

1. *Viriato* was the only Iberian chieftain who fought with any success against the powerful Roman legions. Having been a shepherd in his youth, he was well acquainted with the terrain and was able to employ for the first time the *guerrilla* method of warfare. He was murdered by three of his friends who had been bribed by a Roman general (139 B.C.).

2. The excavated ruins of *Numancia* can be seen near the city of Soria in Old Castile. Its heroism has been sung by many poets, especially by Cervantes in his play of the same name. (*See note 4, chapter* ii.)

3. When the triumvir Cæsar Octavianus (later emperor Augustus) thought that Spain was sufficiently pacified, he decreed the annexation of this vast territory to the Empire in 38 B.C. This date is important because it marks the beginning of the *Era Hispánica* used in Castile well into the fourteenth century to compute the years. To determine the actual date of an old document of the Middle Ages, thirty-eight years must be added to the Christian Era.

Los Romanos en España

4. In order to facilitate the government of the Iberian peninsula, Augustus divided the territory into three provinces (27 B.C.) called *Bética, Lusitania,* and *Tarraconense;* another emperor, Caracalla, created another province in the northwest (217 A.D.); and, finally Diocletian (284–305) added another. This last division into five provinces (*Bética, Lusitania, Tarraconense, Gallecia, Cartaginense*) lasted until the downfall of the Roman Empire (476).

5. Of all the languages which were spoken in Spain prior to the arrival of the Romans, only Basque, or *eúskaro,* remains. (*See note 2, chapter* ii.)

6. It is doubtful that the apostle St. James (*Santiago*) came to Spain, as a pious Spanish tradition asserts. It is more likely that St. Paul did preach the Gospel in Spain, since in one of his letters to the Romans he expresses his desire to visit a country identified as Spain. Be that as it may, Christianity spread fast in the Iberian peninsula, and in the third century its influence began to be felt. Of course, until the reign of Constantine, who granted religious freedom to all his subjects and decreed the *Edict of Milan* (313 A.D.), Spanish Christians suffered cruel persecutions which produced several early Spanish martyrs. Soon, however, Spanish prelates became influential in the Christian world. *Osio,* bishop of Córdoba, who presided over the first ecumenical council of the Christian Church (Nicæa, 325), was instrumental in the condemnation of the doctrines of Arius as heretical and in the acceptance and proclamation of a universal Christian Creed. This is the *Nicene Creed* still accepted by many Christians today.

7. Other emperors considered of Spanish origin are *Adrian* (117–138), *Marcus Aurelius* (161–180), and *Theodosius* (379–395). The latter accomplished the spiritual unity of the broad Latin world when he decreed the abolition of Paganism and Arianism.

21

Teatro romano de Mérida

iv

****

La Dominación Visigoda

[414–711]

LLegada de los pueblos bárbaros a España. — El Imperio romano se hallaba tan debilitado durante el siglo IV que pueblos bárbaros[1] empezaron a amenazar sus fronteras por el Norte y Este. Los más poderosos de ellos eran los visigodos, que cruzaron el Danubio, entablaron relaciones con los romanos y por muchos años fueron sus auxiliares contra otros invasores. En el año 410, dirigidos por su jefe Alarico, descendieron a Italia y se apoderaron de Roma. Al morir este rey, los visigodos abandonaron Roma y se establecieron en el sur de Francia, donde organizaron un reino que llegó a ser de los más poderosos de Europa en la alta Edad Media. Después entraron en España (414) como aliados de los romanos, y en favor de éstos lucharon contra otros pueblos germánicos (alanos, vándalos y suevos) que habían invadido la Península cinco años antes.[2] Cuando en 476 cayó el Imperio romano de Occidente, el rey visigodo *Eurico* declaró su completa independencia de los romanos y conquistó por cuenta propia aquella parte de la Península que no estaba ocupada por los suevos.

Organización de la monarquía visigoda. — Los visigodos eran los más civilizados entre los pueblos germánicos que vinieron a España por haber tenido más contacto con la cultura romana. Aun así, su cultura era inferior a la de los hispano-romanos y su dominación no produjo cambios radicales

22

en la manera de vivir de los habitantes de la Península. España siguió siendo tan romana como antes.

Si Ataulfo fué el primer rey del reino visigodo, *Leovigildo* fué el verdadero fundador de esta monarquía. No sólo venció a los rebeldes vascos y suevos sino que dió prestigio a la corona, organizó el país, estableció definitivamente la capital en Toledo y trató de resolver la cuestión religiosa. Los visigodos, aunque cristianizados antes de llegar a España, pertenecían a una secta que negaba la divinidad de Cristo,[3] por cuya razón hubo muchos odios entre ellos y la masa de la población católica hispano-romana. *Hermenegildo,* hijo mayor del rey, apoyó la causa de los católicos y se levantó en armas contra su padre, provocando una guerra civil que terminó con su muerte. El segundo hijo de Leovigildo, *Recaredo,* sucedió a su padre en el trono y comprendiendo la gran importancia del problema religioso se convirtió al catolicismo (589), ejemplo que siguieron muchos nobles de su corte y muchos sacerdotes. De la época de este rey arranca el verdadero esplendor de la monarquía visigoda. Se adoptó el latín como lengua oficial y al reconocerse la religión católica como la única religión del Estado, la Iglesia pasó a ser el principal lazo de unión entre la España romana y la visigoda.

Caída de la monarquía visigoda. — El Imperio de los visigodos, fuerte y robusto en apariencia, decayó rápidamente. Toda su grandeza desapareció con *Wamba,* aquel noble y bondadoso anciano que, sacado del retiro contra su voluntad para ser rey, se dedicó a gobernar el país con prudencia y energía.[4] Después de él hubo guerras intestinas durante varios años, hasta que el *Aula Regia* (Consejo formado por la nobleza y altos dignatarios eclesiásticos) eligió por rey a *Don Rodrigo,* gobernador de una de las provincias. Alrededor de este último rey de los visigodos se ha creado un grupo de leyendas que explican, quizás mejor que la historia misma, su muerte y la rápida caída del reino en poder de los musulmanes.[5] Indudablemente, la separación tan marcada entre las clases que componían aquella sociedad, las luchas constantes por la sucesión a la corona,[6] las persecuciones de la raza judía a fin de lograr la unidad religiosa y la general desmoralización de los últimos años precipitaron el fin de la monarquía hispano-visigótica (711).

Cultura de los hispano-visigodos. — Al desaparecer la barrera religiosa que separaba a las dos razas, los vencidos dejaron sentir su superioridad cultural.[7] Los monasterios e iglesias eran los principales centros del saber, y pacientes monjes se dedicaban a la copia de manuscritos que hacían posible la continuidad de la cultura de la antigüedad. El hombre más ilustre de la España visigótica fué *San Isidoro* (560–636), arzobispo de Sevilla. No sólo influyó en la vida religiosa de su tiempo, juntamente con su hermano *San Leandro,* sino que escribió gran número de obras extensas y valiosas que le dieron fama fuera de España. La más notable es la titulada *Etimologías,* en la que reúne el saber humano de su tiempo y transmite a la Edad Media los conocimientos del mundo antiguo.

Quedan pocas huellas del *arte* visigótico anterior al siglo VII. Algunas iglesias que se conservan de este siglo (casi todas en el Norte) llaman la atención por el empleo del arco de herradura y por sus esculturas de carácter decorativo, con motivos geométricos o de animales y vegetales bastante esquematizados.[8]

El arte más cultivado por los visigodos fué la orfebrería y joyería. Todos los pueblos germanos eran muy aficionados a llevar joyas, y algunas coronas de oro y piedras preciosas que se han descubierto no hace muchos años tienen un valor incalculable.

NOTAS

1. Among Greeks and Romans the word *barbarian* meant 'foreigner,' and the term was applied to those races who spoke neither Greek nor Latin.

2. As far as is known, only the *suevos* (Swabians) succeeded in organizing a kingdom in northwestern Spain. It lasted for 177 years, until Leovigildo conquered it and incorporated it within the Visigoth monarchy (585). The *Vandals,* after a few years in southern Spain, migrated to North Africa (429).

3. The founder of this sect was Bishop Arius of Alexandria (d.336), from whom is derived the name *Arian* given to his followers. Later (*c.* 375) Bishop Ulfilas translated the Bible into the Visigoth language and the Visigoths accepted the Arian doctrines. (*See note 6, chapter* iii.)

4. Wamba was deposed by the simple method of cutting his hair while he was asleep under the influence of narcotics administered to him. All Germanic races used to let their hair and beards grow (a custom very prevalent in Spain during the Middle Ages), and to be deprived of hair and beard meant unfitness to occupy the throne.

5. One of these legends attributes the loss of Spain to the love of the king, Don Rodrigo, for *La Cava* (also called Florinda), the beautiful daughter of Count Julian, governor of Ceuta, across the Strait of Gibraltar. The count, wishing to avenge the dishonor brought upon his good name by the conduct of the king, facilitated the entry of the Moors into the peninsula, forgetting that in so doing he was opening the doors of his own country to the enemy. Rodrigo's love for Florinda, his tragic end, and the loss of the kingdom have provided many writers with inspiration. Even foreign poets have appropriated this subject: Southey, for example, in his poem *Roderick, the last of the Goths,* Walter Scott in *The Vision of Don Roderick,* and Walter Savage Landor in *Count Julian.*

6. It was traditional among Germanic peoples to elect their leaders. As a result, many kings met violent death at the hands of political enemies. All the efforts of Leovigildo and others to make the crown hereditary failed.

25

7. At first there were two sets of laws in Visigothic Spain: one for the conquerors and another for the conquered. But when Catholicism became the state religion and marriages between the races were allowed, a unification of the two laws became necessary. The *Liber Iudicum,* composed during the reign of king Recesvinto, soon became the law of the land. Later, this 'Visigothic Compendium of Laws' exercised great influence in Christian Spain and, with the name of *Fuero Juzgo,* was applied by Ferdinand III to the cities recently conquered by him from the Moors.

8. Examples of Visigothic architecture are the following churches: *San Juan de los Baños* (Palencia), *San Pedro de la Nave* (Zamora), *Santa Comba de Bande* (Orense), and *Quintanilla de las Viñas* (Burgos). Of nonreligious structures only the restoration of the Roman bridge in Mérida is worth mentioning.

v
****

La Dominación Musulmana

[711–1492]

Conquista de España por los musulmanes.— Después de las predicaciones de Mahoma, los habitantes de la Arabia se organizaron en un pueblo fuerte y vigoroso que en poco tiempo dominaron Siria, Egipto y el norte de África.[1] Aunque varias veces trataron de cruzar el Estrecho de Gibraltar, no lo consiguieron hasta el año 711 en que derrotaron el ejército de Don Rodrigo, el último rey visigodo, en la batalla de *Guadalete*. Don Rodrigo les ofreció gran resistencia, pero al ver que parte de su ejército se entregaba al enemigo no tuvo más remedio que huir, siendo muerto poco después en un segundo encuentro con los invasores.[2]

Durante el último siglo de la dominación visigoda los judíos habían sido perseguidos, razón por la cual al presentarse estos nuevos invasores les prestaron ayuda. Gracias a esta ayuda, los musulmanes pudieron realizar la conquista de Hispania en menos tiempo que ningún otro pueblo. En menos de siete años lograron apoderarse de casi toda la Península y hasta pasaron a Francia, donde fueron derrotados más tarde por Carlos Martel, rey de los francos, en la batalla de *Poitiers* (732).

El Emirato y el Califato de Córdoba. — Al frente de las tierras conquistadas en España había un *emir* o gobernador dependiente del de África, que a su vez estaba subordinado

al califa de Damasco. En el año 756, sin embargo, el emir
Abderrahman I, que había logrado escapar del exterminio
de toda su familia,[3] proclamó independiente el *Emirato de
Córdoba* y echó los cimientos del *Califato de Occidente*. Su hijo,
Hixem I (788–796), fué gran protector de las ciencias y las
artes y continuó la construcción de la famosa mezquita de
Córdoba, empezada por su padre en 786.

Años más tarde otro emir, Abderrahman III (912–961),
venció a los grupos rebeldes que se oponían a su gobierno y
se proclamó *califa* (palabra derivada del árabe *jalifa*), que
quiere decir 'sucesor o representante del Profeta.'[4] Abderrahman aumentó de tal modo el prestigio del *Califato de
Córdoba* (o de *Occidente*) por todo el mundo que reyes y em-

peradores enviaban embajadores a solicitar su amistad. Su capital, Córdoba, se transformó en la ciudad más hermosa de Europa, notable por su riqueza, por su cultura y por sus bellos monumentos.[5] Otros califas aumentaron aún más las glorias del califato. Alháquem II, por ejemplo, fué un hombre muy aficionado al estudio, creó escuelas y aumentó la biblioteca de su palacio con preciosos manuscritos adquiridos en países orientales. (Se dice que esta biblioteca llegó a tener medio millón de volúmenes.) En tiempos de Hixem II se incautó del gobierno, por incapacidad del califa, *Almanzor,* un general de gran talento militar que llevó el califato a su mayor poderío. En sus campañas venció a los reyes de los nacientes reinos cristianos y casi acabó con su independencia. Su conquista y destrucción de *Santiago de Compostela* (997) produjo honda impresión en toda Europa, pues ya era conocido este lugar como centro de peregrinación importante. A la muerte de este gran guerrero empezaron de nuevo las disensiones y luchas entre los distintos elementos que formaban la sociedad hispano-musulmana y el gran Imperio se dividió en reinos llamados de *Taifas,* que poco a poco fueron conquistados por los reinos cristianos del Norte.[6]

Grandeza del Califato de Córdoba. — Aunque la mayor parte de los conquistadores musulmanes de España eran moros del norte de África,[7] la aristocracia la formaban los árabes, superiores a ellos en cultura y organización. Bajo su dominio adquirieron gran desarrollo la agricultura, la minería y la ganadería. En las regiones costeras de Levante practicaron un sistema excelente de riegos que todavía se utiliza. Introdujeron cultivos desconocidos, como el arroz, la granada, la caña de azúcar, la naranja y el melón. También establecieron industrias florecientes de tejidos de lana y seda, de armas, azulejos, papel y la muy conocida de los famosos

29

Interior de la mezquita de Córdoba

cueros *cordobanes*. Su marina mercante era la más poderosa del Mediterráneo, y los productos españoles se exportaban a todas partes de Europa; algunos eran llevados a Constantinopla y de allí pasaban a países del Extremo Oriente.

Los siglos de verdadera magnificencia fueron el IX y el X. Córdoba era entonces la ciudad más populosa de Europa y el centro cultural de más importancia. Se dice que la capital del Califato de Córdoba llegó a tener más de medio millón de habitantes, 200.000 casas, 300 mezquitas, 900 baños públicos, agua y alumbrado público. Sus calles concurridas, sus palacios suntuosos, bibliotecas, universidades, mezquitas y parques le daban el aspecto de próspera ciudad oriental.

Cultura de la España hispano-musulmana. — La cultura de aquella España era superior a la de los otros pueblos europeos de la época. (Hasta se cuenta que era raro encontrar hombre o mujer que no supiera leer el Alcorán.) Los musulmanes españoles cultivaron la poesía (el género literario preferido por ellos), la música, la filosofía y la medicina. El gran mérito de sus filósofos, sobre todo de *Averroes* (1126–1198), fué el de comentar la filosofía de Aristóteles y el de transmitirla después al resto de Europa. La medicina estaba tan avanzada que hacia 962 ya sabían operar cataratas. Los hispano-musulmanes fueron sólo superados por los hispano-judíos, quienes disfrutaron de gran libertad durante el califato. Uno de los médicos y filósofos judíos de fama universal fué *Maimónides* (Moses ben-Maimon, 1135–1204). Nació en Córdoba, pero a causa de nuevas persecuciones contra su raza se trasladó con su familia a Marruecos y luego al Cairo, donde adquirió gran renombre y llegó a ser médico del sultán Saladino. Sus obras de medicina, realmente adelantadas para su tiempo, tratan de higiene, de asma y hasta de problemas relacionados con el sexo. Más importantes todavía son sus obras filosóficas. En su *Moreh Nebuchim*, o *Guía de los descarriados* (1190), aplica la filosofía de Aristóteles a la enseñanza religiosa tradicional del judaísmo.

Como es de suponer, el vigor y fuerza de la cultura hispano-musulmana no sólo se dejó sentir entre la población hispánica que vivía en territorio musulmán sino que fascinaba a los habitantes de los reinos cristianos del norte de la Península. Esta influencia se puede observar en las costumbres, en el arte y en la lengua, que no obstante ser fundamentalmente latina en su origen contiene muchas palabras de procedencia árabe.[9]

NOTAS

1. The basic principle of the Mohammedan religion is that 'There is no other God than Allah, and Mohammed is his Prophet.' Its doctrines are contained in the Koran, a kind of Bible or compilation of the revelations professed to have been received by Mohammed. The main dogmas of this religion are (a) the belief in only one god, (b) the belief in the immortality of the soul and in a paradise for the faithful, and (c) the belief in the existence of prophets (Christ was one of them). Among the obligations of all Mohammedans are: to make a pilgrimage to the holy city of Mecca at least once in the lifetime of the believer, to pray five times a day (with other prayers on special occasions), to fast or to abstain from food and water from sunrise to sundown during the holy month of *Ramadan,* to worship no images, to practice charity, and to take part in holy wars against the enemies of their faith.

La Dominación Musulmana

Their temples are called mosques (*mezquitas*), each of which has a tower (*minarete*)from which the *muezzin* or *almuédano* calls the faithful to prayer. The interior of these temples is austere, stately, and without images. In some mosques there are two places richly adorned: the *macsura* or place reserved for the sovereign and the *mihrab* or niche for the Koran. One mosque in each city is called *aljama,* and it has a pulpit (*mimbar*) from which on special occasions sermons are preached by the *imanes.* (It must be remembered that the Moslem religion does not have regular priests.)

2. These invaders of Spain were a mixture of different races. The only bond between them was the religion founded by Mohammed, hence the name *mahometanos* (Mohammedans) by which they are known. They were also named *muslimes* (Moslems), *musulmanes* (Mussulmans), *islamitas* (from *Islam,* which means 'resignation to God's will'), and *sarracenos* (Saracens) —all generic religious terms.

3. Abderrahman was a prince of the powerful *Omeya* family, which had long reigned in Damascus. He was the only member of his family to escape decapitation on the accession to the Caliphate (750) of the rival family of the *Abasidas* (descendants from Abbas, supposed uncle of Mohammed). He lived in hiding in North Africa and later went to Spain, where he formed an army with all those discontented with the new dynasty, defeated the emir, and proclaimed himself emir, but independent from the Caliphate of Damascus.

4. The Arabian rulers adopted the title of 'Caliph' in order to exercise not only religious authority as descendants of Mohammed but civil and military authority as well. The Spanish caliphs established the 'Caliphate of Córdoba' (also called 'Western Caliphate') to distinguish it from the 'Damascus Caliphate').

5. One of the few buildings which still remains is the mosque of Córdoba. The forest of columns in its interior gives the appearance of a grove of palm trees. It is said that in the days of the Caliphate this mosque had 1,200 columns, 22 doors, and 800 lamps. Unfortunately, many of the columns in the center were removed in the fourteenth century to build there the altar and choir of today's cathedral.

6. One of these *Taifa* kingdoms was Granada, where a brilliant development in art and literature took place. On one of the hills of its capital (Granada) was built, between 1324 and 1390, the lovely palace-fortress called the *Alhambra.* Washington Irving aroused a world-wide interest with his stories and legends about this jewel of Spanish-Arabic art. After

Vista de la Alhambra (*Granada*)

many centuries of neglect, recent Spanish governments have been trying to restore, preserve, and beautify the incomparable towers, halls, and courts of this building, which is one of the most beautiful in the world.

7. *Moors* and *Berbers* are natives of North Africa. Converted to the Moslem faith by the Arabs soon after the death of Mohammed (632), they entered Spain in great numbers, and there they formed the basic element of the Mussulman population. Being of a more fanatic and zealous nature than the Arabs, some of the empires created by them in North Africa invaded Spain at different times in defense of the threatened *Taifa* kingdoms. In 1086 the *Almorávides* invaded the Iberian peninsula, in 1146 the *Almohades,* and in 1350 the *Benimerines.* All these invasions halted only temporarily the advance of the Christian kingdoms toward the South.

8. Those Spaniards who submitted voluntarily to the Moslem yoke are called *mozárabes.* They were allowed to practice their religion, use their language, and maintain their traditions and culture. The only difference between them and the *muladíes,* or Christian renegades, was the superior amount of taxes they had to pay the conquerors.

9. Many of the words that begin with *al,* in Spanish or in the technical vocabulary of other languages, are of Arabic origin, such as: *alquimia, alcohol, álgebra, almanaque,* etc.

35

Mirador de Daraja (*La Alhambra*)

vi

****

Principios de la Reconquista

[Siglos VIII–XII]

Comienzos de la Reconquista.[1] **Reinos de Asturias y León.—**
Como ya hemos visto, los musulmanes se apoderaron en
pocos años de casi toda la Península y la España gótico-cris-
tiana dejó de existir como nación. Los hispano-visigodos
que no quisieron someterse a los invasores se refugiaron en
las montañas de Asturias, y en el año 718, en el lugar llamado Covadonga, derrotaron por primera vez a los musulmanes. El héroe y caudillo de aquella batalla fué *Pelayo,* tal
vez un noble de sangre goda, quien después de la victoria
fué reconocido como rey.[2] Así nace el *Reino de Asturias,* el más
antiguo de los reinos medievales españoles. Después, según
avanzaban las conquistas hacia el Sur, se trasladó la capital
a León y se llamó *Reino de León* (desde 924) y más tarde *Reino
de León y Castilla* (desde 1037). En los Pirineos también se organizaron otros núcleos de resistencia cuyos orígenes son más
oscuros, pero que al fin se convirtieron en reinos independientes, como Navarra y Aragón, los cuales unas veces
unidos y otras separados fueron ensanchando sus territorios
a expensas de los conquistados a los musulmanes.

Reino de Castilla.—El territorio llamado Castilla deriva
su nombre de la abundancia de castillos que se construyeron
para defensa contra posibles ataques de los nuevos invasores.
En un principio constituyó un condado dependiente de los

36

reyes de León, pero a mediados del siglo X obtuvo su independencia gracias a los esfuerzos de *Fernán González,* uno de los grandes héroes de la epopeya castellana.[3] Fernando I (1035–1065) tomó el título de rey de Castilla y en 1037, al heredar el reino de León, fué declarado primer rey de Castilla y León. Con la fuerza de estos dos Estados avanzó mucho la Reconquista, pero al morir el rey el nuevo reino quedó dividido entre sus hijos, lo que ocasionó constantes guerras entre ellos.[4] El mayor, *Sancho II,* quiso por la fuerza de las armas desposeer a sus hermanos de la parte que les correspondía y fué muerto a traición ante los muros de Zamora.[5] Le sucedió su segundo hermano, *Alfonso VI* (1072–1109), el cual reunió nuevamente lo dividido por su padre y logró la primera gran conquista cristiana: la de la importante ciudad de Toledo (1085).

Órdenes militares y religiosas.—Durante el siglo XII se crearon algunas Órdenes militares que contribuyeron grandemente a la obra de la Reconquista. Su principal misión era la de luchar contra los musulmanes, teniendo por consiguiente un carácter más bien guerrero que religioso. Las principales fueron tres: la de *Calatrava* (1158), organizada por algunos monjes cistercienses con objeto de defender la plaza del mismo nombre contra los almohades; la de *Alcántara* (1166), antes llamada 'San Julián de Pereiero'; la de *Santiago* (1175), cuya misión en un principio fué la de amparar a los peregrinos nacionales y extranjeros que iban a Santiago de Compostela. Todas ellas recibieron privilegios de los reyes y se hicieron muy poderosas.

De carácter militar y religioso fueron también dos Órdenes venidas del extranjero: la de los *Hospitalarios* o de *San Juan* y la de los *Templarios.* Esta última adquirió tanta riqueza y poder que fué suprimida a principios del siglo XIV.

Del extranjero también llegaron a España en esta época dos Órdenes religiosas cuya influencia fué grande en todos los aspectos de la vida hispánica medieval. Una de ellas, la de los *cluniacenses* (monjes de Cluny) trajo a los reinos cristianos mayor celo religioso y una organización más eficaz que la de las Órdenes españolas. Fué tal su prestigio e influencia que en 1080 lograron que el rey de Castilla sustituyera el rito tradicional visigótico o mozárabe por la liturgia de la Iglesia de Roma. Cuando en el siglo XII su disciplina monástica empezó a debilitarse, otros monjes de fuera acudieron a vigorizarla. Estos son los *cistercienses* (monjes del Císter). Tanto sus monasterios como los de los cluniacenses fueron verdaderos centros de cultura en la Edad Media.

38

Ruinas del claustro de San Juan del Duero (Soria)

Separación de Portugal.—Hasta el siglo XII Portugal fué un condado dependiente del Reino de Castilla y León. Alfonso VI se lo dió como dote a su hija Teresa, casada con Enrique de Borgoña—uno de los nobles aventureros franceses que, ansiosos de gloria y provecho, habían acudido a la conquista de Toledo. Al principio poseían estos estados con carácter feudatario, pero poco a poco lograron separarlos de Castilla y fundar un reino cuya independencia fué reconocida por el Papa en 1143. Su independencia quedó afirmada en 1385, después de la derrota que sufrió el rey de Castilla en *Aljubarrota*. En el siglo XVI Portugal fué incorporado de nuevo a la nacionalidad hispánica por Felipe II, pero recobró su indepencencia definitiva durante el reinado de Felipe IV (1640).

Cultura de este período.—Como es natural, durante los primeros siglos de la Reconquista no pudo haber mucho desarrollo cultural. La vida era demasiado insegura y la prosperidad económica era muy escasa. Por otra parte, la

lengua estaba todavía en período de formación. El latín *vulgar* que se hablaba en la Península durante la dominación romana iba lentamente transformándose en lenguas *romances,* con características diferenciales según la región en que se hablaba. Tres de estas lenguas o *romances* hablados en la Península: el castellano, el catalán y el galaico-portugués todavía siguen hablándose hoy.[6] Como Castilla iba adquiriendo supremacía política sobre los otros reinos cristianos y como el romance castellano evolucionaba más rápidamente y mostraba mayor claridad fonética, se empezó a usar esta lengua en el siglo XII para cantar los hechos guerreros de los héroes castellanos. El *Poema del Cid* (*c.* 1140), donde se cuentan las hazañas de este héroe y se retrata con gran exactitud la vida guerrera de la época, es considerado el monumento más antiguo de la literatura castellana.

Desde tiempos antiguos la Península ha sido el punto de encuentro de culturas extrañas. En la Edad Media las dos principales corrientes de cultura eran la oriental y la europea. La primera—la más influyente en el siglo X— era la de los árabes, transmitida por los mozárabes que volvían a repoblar tierras abandonadas y por los viajeros que regresaban de los dominios musulmanes.[7] La segunda llegaba de Francia por diferentes conductos: por la influencia de los monjes de Cluny, por la llegada continua de aventureros europeos que deseaban incorporarse a la cruzada española contra los infieles y, muy especialmente, por la llegada de millares de peregrinos que acudían a Santiago de Compostela.[8]

En cuanto a *arquitectura,* surge a poco de comenzar la Reconquista un arte nuevo en Asturias. En Oviedo, la capital de este pequeño reino, florece en tiempo de Ramiro I (842–850) un tipo de construcciones muy original de que son maravillosos ejemplos las pequeñas iglesias de *Santa María de Naranco* y *San Miguel de Lino.* En el siglo XI, sin embargo, llega a España un nuevo estilo arquitectónico: el *románico,* caracterizado por el arco de medio punto y por sus gruesos muros y pequeños ventanales. Es un arte que da la impresión de fuerza y permanencia, muy propio de una época en que las iglesias servían de templo y de fortaleza a la vez. El ejemplo más notable de este arte—tanto en arquitectura como en escultura—es la incomparable catedral de Santiago de Compostela, construida entre los años 1075 y 1128. También pertenecen a este estilo las murallas de Ávila, la catedral de Zamora y numerosas iglesias imposibles de enumerar.[9] En el siglo XIII este estilo será sustituido por oaro también venido de fuera: el estilo *gótico.*   41

NOTAS

1. By *Reconquista* is meant the long period (718–1492) of the struggle which the Spaniards, or *cristianos,* had with the Moors, or *infieles,* to recover the lost territory.

2. Tradition tells that the Virgin appeared to Pelayo in a dream and promised him divine aid. Encouraged by this promise, he prepared for battle, and one night during a violent storm surprised the invaders, never until then defeated, in a narrow valley and succeeded in putting them to complete rout. Today Covadonga is visited by many pilgrims because of its picturesque sanctuary, built inside a rock, and its miraculous *Santina,* as the Asturians affectionately call the Virgin of Covadonga.

3. It is difficult to fix the exact date of the independence of Castile. It is definitely known that by 950 it was already an independent state under the rule of a count, and that in 970, Count Fernán González, who was as famous a hero as the Cid, died. The legendary history of this count is found in a number of fragments of lost *cantares de gesta* (old epic poems singing the exploits of legendary heroes) and in the *Poema de Fernán González,* written in the thirteenth century.

4. In this partition of the kingdom Fernando I gave Castile to *Sancho,* his eldest son; León to *Alfonso;* Galicia to *García;* and the cities of Zamora and Toro to his two daughters, *Urraca* and *Elvira,* respectively.

5. The siege of Zamora took place in 1072. Sancho had by this time dethroned his two brothers and now wanted to seize Zamora. The siege of this stronghold, the treachery of Bellido Dolfos, and the tragic death of the king have been favorite themes in ancient Spanish epic and balladry. Guillén de Castro has dealt with this subject in his play *Las hazañas del Cid.*

6. Other *Romance languages* of today derived from Latin are French, Italian, and Portuguese.

7. Of great importance to the whole western civilization was the creation in the twelfth century, in the city of Toledo, of a 'School of Translators' devoted to the task of translating into Latin works written originally in Arabic or works that had been translated into this language. Soon after its conquest (1085), Toledo became an intellectual center where Jewish, Christian, and Moslem scholars enjoyed the tolerance given the city by the king, himself married to a Moorish princess.

La Colegiata (*Santillana del Mar*)

8. *Rome, Jerusalem,* and *Santiago de Compostela* were the most important sanctuaries visited by pilgrims in the Middle Ages. Those who came to Santiago (perhaps the most popular of the three) returned to their countries with the shell (*venera*) of a common Gallician sea-mollusk sewed to their cloaks. (*See note 6, chapter* iii.)

9. Other examples of Romanesque architecture in Spain are the cathedrals of Jaca and Toro, the Old cathedral of Salamanca, the *Colegiata de Santillana del Mar,* numerous churches in Segovia with an exterior portico or gallery, *San Isidoro de León* with its pantheon of medieval kings, *San Vicente* (Ávila) which marks the transition to the Gothic, and many more. In some of these constructions appear a distinctive note of the Spanish Romanesque: the use of *cimborrios* (small domes) of definite Byzantine influence.

vii

****

El Cid (Héroe Nacional) y el Apóstol Santiago (Patrón de España)

Sancho II y el Cid.—En la segunda época del reinado de Fernando I, hacia 1043, aparece en escena Rodrigo Díaz de Vivar, así llamado por haber nacido en la aldea de Vivar, no muy lejos de Burgos. Poco antes de morir, repartió este rey sus estados entre sus hijos, encargando a Rodrigo la tutela de los infantes para que les ayudase en todo lo que fuera necesario. Tendría entonces nuestro héroe unos veintidós años.[1] Por algún tiempo vivieron los hermanos en paz, pero apenas murió la reina madre (1067), Sancho, el mayor, a quien le había correspondido Castilla, se dispuso a incautarse de la parte de sus hermanos. Ayudado por Rodrigo, su portaestandarte, venció a Alfonso e incorporó de nuevo el reino de León al de Castilla. También destronó a García y se apoderó de la ciudad de Toro; pero mientras ponía cerco a Zamora, valientemente defendida por su hermana doña Urraca, murió asesinado por el traidor Bellido Dolfos. Entonces volvió Alfonso de Toledo (en cuya corte había encontrado refugio), fué reconocido rey por castellanos y leoneses como sucesor de Sancho, muerto sin hijos,[2] y en poco tiempo logró reunir los estados que su padre había dividido.

45

Alfonso VI. Conquista de Toledo.—En el reinado de Alfonso VI ocurrió el hecho más importante desde el comienzo de la Reconquista: la rendición de la fuerte plaza de Toledo (1085), que abre a los ejércitos cristianos el camino hacia el Sur y prepara las grandes conquistas del siglo XIII. Orgulloso el rey de sus triunfos sobre los moros, se dió el título de 'emperador de los hombres de las dos religiones.' Sin embargo, su gloria se vió un tanto oscurecida por la que alcanzó su vasallo Rodrigo Díaz.

Destierro y hazañas del Cid.—En un principio fué Rodrigo favorecido por el rey, quien le casó con una prima suya, doña Jimena, hija del conde de Oviedo; luego, por causas que no son bien conocidas, cayó en desgracia y fué desterrado de Castilla (1081). Algunos compañeros de armas le siguieron en el destierro y con ellos adquirió triunfos más gloriosos que los del mismo rey, peleando unas veces contra los musulmanes y otras contra los cristianos. Se alió con el rey moro de Zaragoza y le ayudó a vencer al rey de Aragón y al conde de Barcelona a quien cogió prisionero y dió libertad después. Más tarde luchó por cuenta propia y realizó hazañas que le han inmortalizado. En 1094, tras un largo asedio de nueve meses, se apoderó de la ciudad de Valencia, se estableció allí con su mujer y sus hijas y los moros le pagaban tributo como a un rey.[3] Se hallaba en la cumbre de su gloria. Volvió a la amistad del rey y casó a sus dos hijas con príncipes de sangre real. A causa de sus victorias recibió de su gente el sobrenombre de *Campeador;* y los soldados moros le llamaron *'Cidi,'* que quiere decir 'Mi Señor.' Muerto el héroe (1099, a la edad de 56 años) su mujer doña Jimena defendió Valencia por espacio de tres años; pero al fin las tropas castellanas tuvieron que abandonar la ciudad (1102), llevándose consigo a Castilla el cadáver del *Cid Campeador.* En la

47

El Cid Campeador

armería del Palacio Real de Madrid todavía se guarda una de sus famosas espadas, la *Tizona,* que ha pasado a ser sinónimo de buena espada y valor.

Significación del Cid.—La figura del Cid ha llegado a ser el centro alrededor del cual se ha desarrollado una gran leyenda, en la que aparece nuestro héroe bastante transformado de lo que en realidad había sido. En las crónicas y en los romances lo vemos glorificado y convertido en símbolo de todo lo grande e ideal en la España de la Edad Media. En efecto, el Cid es un héroe que representa a la raza en todos sus aspectos; es el campeón de la Reconquista, el guerrero valiente, el vasallo leal 'que no tiene buen señor'; es, en fin, símbolo del pueblo que le hizo su héroe y cuyas virtudes

representa: gravedad, llaneza, amor a la familia, fidelidad inquebrantable al rey. Sus restos y los de su esposa Jimena reposan juntos en la Catedral de Burgos.

El Apóstol Santiago.—Según una tradición piadosa española, el Apóstol Santiago fué a predicar el Evangelio en España, pero este hecho no lo menciona ninguno de los primeros escritores cristianos. (Más fácil es creer que fuera San Pablo, pues en su 'Epístola a los Romanos' manifiesta deseos de visitar este país.) También cuenta la tradición que hacia el año 813, siendo rey de Asturias Alfonso II, se descubrió un sepulcro que se dice contenía los restos del Apóstol.[4] Lo cierto es que en cuanto se extendió la noticia del descubrimiento, el rey mandó edificar una iglesia, alrededor de la cual empezó a crecer una de las ciudades más importantes de la Edad Media. Cuando más tarde el Papa León III mandó trasladar a este lugar el obispado de Iria Flavia y declaró a Compostela centro de peregrinación, millares de peregrinos de toda la cristiandad y de todas las clases sociales acudieron a visitar el santuario.

En el año 997 el general Almanzor conquistó la ciudad, destruyó la vieja basílica y llevó sus campanas a Córdoba, a hombros de cautivos cristianos, para que sirvieran de lámparas en la famosa mezquita.[5] Pero el templo se volvió a construir y la fama del santo siguió aumentando a tal extremo que al fin se le declaró 'Patrón de España.'

El Camino francés.—Durante los siglos XI y XII la afluencia de peregrinos era tan grande que, para protegerlos contra los ataques de salteadores se fundó la Orden de Santiago. Esta afluencia era aún mayor en los años de jubileo, es decir, los años en que la fiesta del santo (25 de julio) cae en domingo. Por lo general, los peregrinos seguían un camino llamado 'Camino francés' o 'Camino de Santiago,' a lo largo del

49

Puerta nueva de Bisagra (*Toledo*)

cual se establecieron hospederías y hospitales. A este camino,
que se extendía desde los Pirineos hasta Galicia, se le puede
llamar también 'camino de cultura y civilización,' pues por él
entraron en España influencias literarias (lírica provenzal)
y artísticas (arte románico). Ya se ha dicho en otro lugar que
la catedral de Santiago es el mejor ejemplo del arte románico español y uno de los monumentos de mayor importancia en España. Su *Pórtico de la Gloria,* universalmente conocido, 'es el conjunto más extraordinario de la escultura
románica . . . una glorificación de Cristo y de su Iglesia,' según palabras del sabio historiador de arte Gómez Moreno.

En conclusión: el Apóstol Santiago y El Cid fueron símbolo de la afirmación cristiana y de la idea de una España
unida, frente a Mahoma y frente a la España musulmana.[6]

NOTAS

1. The youthful exploits of Rodrigo, according to legend, are quite
different from the ones recorded in history. After his death minstrels invented fantastic accounts of his deeds, many of which can be found in
the two well-known plays of Guillén de Castro, *Las mocedades del Cid* and
Las hazañas del Cid. (*See note 5, chapter* vi.)

2. The ballads relate that before Alfonso was recognized as king of
Castile, the noblemen decided to force him to swear that he had taken
no part in the murder of his brother Sancho. It was in the little church
of *Santa Gadea,* near Burgos, that Rodrigo, the highest court official and
the person with the greatest authority, exacted the oath of the new king.
With his hand on the Holy Bible and in the presence of the Castilian
nobility, Alfonso was obliged to swear his innocence three times.

3. In very moving words the anonymous author of the *Poema del Cid*
(also called *Cantar de Mío Cid*) describes the reunion of the hero with his
wife and two daughters, in Valencia, after many years of separation:

Santiago Matamoros

> *Vos, doña Jimena, mujer mía muy*
> *honrada y querida, y entrambas hijas,*
> *que son mi corazón y mi alma, entrad*
> *conmigo en el pueblo de Valencia,*
> *que para vosotras he ganado.*

4. Many other legends describe the appearance of Saint James to the Spanish soldiers fighting the Infidel, how his remains were carried miraculously in a porcelain shell (*venera*) to the place where they were later found, and how a hermit called Pelayo saw mysterious lights and heard strange voices which led him and Bishop Teodomiro to a spot where they unearthed a marble sepulcher. The place where the sepulcher was found was called *Campus Stellæ* ('Field of the Star'), which later became *Compostela* and today *Santiago de Compostela. (See note 8, chapter* vi.)

5. It is related that when Fernando III reconquered Córdoba (1236) and found in the mosque the bells stolen by Almanzor, he returned them to Santiago on the shoulders of Moorish prisoners.

6. The 'Milky Way' used to be called throughout Europe in those days *Camino de Santiago* because of the belief that by following its stars one could reach the famous sanctuary in Galicia. The pilgrims who traveled this road not only brought foreign ideas into Spain but on their return to their countries took with them examples of Spanish culture, such as the Moorish rhythms and melodies which influenced European music.

At times the number of pilgrims was so large inside the church at Santiago that in order to combat the bad odor produced by so many bodies, a huge incense-burner was hung from the ceiling. This is the famous *botafumeiro* still in use today on special occasions.

53

Pórtico de la Gloria (*Catedral de Santiago*)

viii

****

Siglo XIII. *Las grandes*
Conquistas Cristianas

La cruzada española contra los musulmanes.—En este siglo la lucha contra los sarracenos adquiere un carácter distinto del que había tenido antes. Hasta ahora los cristianos habían peleado principalmente movidos por el deseo de realizar conquistas, pero en adelante pelearán por su religión y la lucha tendrá el carácter de verdadera cruzada. Este cambio es debido a la llegada a la Península de elementos más sectarios y fanáticos. Los *almorávides* y *almohades,* pueblos poderosos del norte de África animados de un gran fervor religioso, desembarcaron en la Península durante los siglos XI y XII y se apoderaron con facilidad de los reinos musulmanes, ya decadentes. Por otra parte, los monjes cluniacenses y cistercienses venidos de Francia, trajeron un espíritu más militante a la fe cristiana. La batalla definitiva entre los defensores de estas dos religiones, entre el mahometismo y el cristianismo, se dió en tiempos de Alfonso VIII. Los almohades, dueños ahora de toda la España árabe, amenazaban con la destrucción de los pequeños reinos cristianos. Pero ante el peligro común se unieron por primera vez todos éstos bajo la dirección del rey de Castilla, y en las *Navas de Tolosa* (1212) los ejércitos de Castilla, Navarra y Aragón, juntamente con

54

los cruzados venidos de toda Europa, obtuvieron la más decisiva victoria de aquellos siglos.[1]

Otras grandes conquistas cristianas.—Algunos años más tarde otro rey castellano, Fernando III *el Santo,* llevó a cabo las grandes conquistas de Córdoba (1236) y Sevilla (1248), dejando reducido el dominio de los musulmanes al pequeño reino de Granada que subsistió hasta 1492. Si España no participó en las expediciones que se hicieron para reconquistar la Tierra Santa fué porque la Península tenía emprendida una cruzada que duró más de 700 años. El rey San Fernando creía que era de mayor importancia salvar a la cristiandad del peligro musulmán desde España que aventurarse a tierras lejanas. Por eso cuando su pariente San Luis

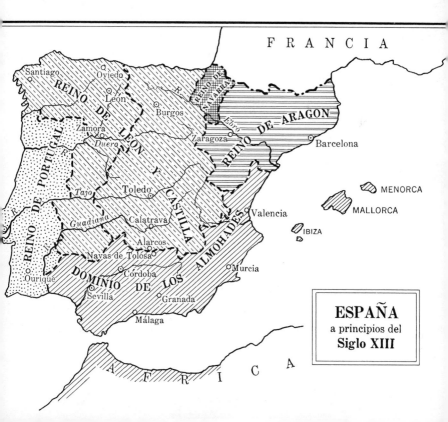

ESPAÑA
a principios del
Siglo XIII

de Francia le invitó a tomar parte en la cruzada que se preparaba para recuperar la Tierra Santa, le contestó: 'No faltan infieles en mi tierra.'

Los sucesores de Fernando III no pusieron tanto empeño en la tarea de la Reconquista; de lo contrario, el reino de Granada no habría tenido tan larga vida. En virtud de tratados la conquista de Granada pertenecía exclusivamente a Castilla, pero como ésta se vió envuelta con frecuencia en largas guerras civiles, principalmente entre la nobleza y el rey, no pudo realizar la empresa hasta dos siglos más tarde. Este estado de anarquía empezó a fines del siglo XIII cuando Sancho, segundo hijo de Alfonso X *el Sabio,* se sublevó contra su padre, obligándole a retirarse a Sevilla, la única ciudad leal que le quedaba.[2] Logró proclamarse rey con el nombre de Sancho IV después de prolongada lucha con los partidarios del hijo de su hermano mayor, a quien por derecho pertenecía el trono. Uno de los actos más importantes de su reinado fué la conquista de la ciudad de Tarifa (1292), plaza de gran importancia estratégica para dominar el Estrecho. Cuando nuevos invasores venidos de África la cercaron, su defensor, don Alonso Pérez de Guzmán, presentó una resistencia tan heroica al enemigo que el rey le concedió el título de *el Bueno.*[3]

Cultura literaria y artística. La lengua castellana.—A principios de este siglo la cultura española empieza a desarrollarse de un modo extraordinario y se fundan las primeras Universidades o *Estudios Generales.* Alfonso VIII creó la Universidad de Palencia en 1212; Alfonso IX de León,[4] la de Salamanca (1215), más tarde ampliada por Fernando el Santo; Alfonso X, las de Valladolid y Sevilla; y Sancho IV los Estudios Generales de Alcalá, convertidos después en Universidad por el Cardenal Cisneros.

57

Puerta de los Apóstoles (*Catedral de Ávila*)

De la misma manera que el reino de Castilla, con un sentido más centralizador y unitario, ejercía definitiva influencia en el desarrollo político de España, la lengua castellana adquirió preponderancia sobre los otros romances peninsulares. Con Alfonso X se elevó a la categoría de prosa literaria. Este rey cultivó las ciencias y las artes y favoreció la cultura más que ningún otro; dió nuevos impulsos a la 'Escuela de Traductores de Toledo,' creada en el período anterior, y con ayuda de sabios árabes y judíos compuso obras monumentales de carácter enciclopédico. Las más importantes son la *Crónica General,* la *Grande e General Estoria* (la primera Historia Universal que se conoce), en la que se valió de fuentes latinas, árabes y hebreas, y *Las siete Partidas* o colección de leyes explicadas y comentadas a base del derecho romano.

El romance castellano es ahora el lazo de unión entre la cultura oriental y la occidental. Libros científicos escritos en árabe o traducidos a esta lengua se traducen al castellano. Al castellano también se traducen obras literarias, sobre todo colecciones de cuentos que poco después pasaban a otras literaturas europeas. La fama de Toledo atrajo a muchos sabios europeos y, de este modo, España era una especie de intérprete de la cultura griega y oriental.

La *poesía lírica* se desarrolló en Galicia por influencia de los trovadores franceses.[5] El mismo Rey Sabio, que tanto había hecho en favor de la prosa castellana, escribió en gallego su obra más personal, las *Cantigas de Santa María,* una colección de 420 composiciones en loor de la Virgen.

En *arquitectura* se manifiesta un estilo nuevo: el *ojival* o *gótico,* que viene a sustituir al románico de siglos anteriores. Aunque importado de Francia, este arte gótico, caracterizado por su ligereza, gracia y espiritualidad, se nacionalizó

58

Claustro de San Juan de los Reyes (*Toledo*)

en España y por cuatro siglos se utilizó en la construcción de toda clase de edificios. Al siglo XIII pertenecen algunas catedrales españolas de espíritu tan gótico que se pueden comparar con las más bellas de Europa. Entre las principales se cuentan las de Toledo (1226), la más rica de España; León (1250), la de más perfectos ventanales; Burgos (1221), la de torres más aéreas y gráciles.

Sería tarea inacabable enumerar los muchos edificios góticos construidos en España. Sólo añadiremos como soberbios ejemplos de este arte: el Monasterio de las Huelgas, la Cartuja de Miraflores y el maravilloso Castillo de la Mota, donde murió la gran reina Isabel *la Católica.*[6]

NOTAS

1. Many knights from all parts of Europe took part in this battle of *Navas de Tolosa,* since the Pope considered this campaign as a real crusade against the fanatic tribes from the North of Africa, who were threatening Christendom.

2. As a reward for its loyalty, Alfonso X granted Seville the title of 'Most loyal and faithful' and also a coat of arms (still visible on many public buildings of this city) with the inscription $NO \infty DO$ (equivalent to *No madeja Do,* contraction of *No me ha dejado*), which means 'It has not forsaken me.'

3. This new invasion was prepared in Tangier with the help of the traitor Prince Don Juan, brother of the king. The prince had in his possession the young son of Guzmán *el Bueno* whom he threatened to kill if the fortress of Tarifa was not surrendered. It is said that Guzmán, always loyal to his king, offered his own knife while saying to the enemies below: 'If you do not have a sword here goes mine, for I would rather give you five children if I had them than a city which has been entrusted to me by my king.' This act of heroism has been treated by several Spanish dramatists.

Siglo XIII. *Las grandes Conquistas Cristianas*

4. It should be noticed that Alfonso IX was only king of León and Galicia. The paternalistic attitude of kings regarding the throne was prevalent at that time and frequently they divided the kingdom among all their children. In the middle of the thirteenth century, however, there was established the right to succession of the first born and thus under Fernando III Castile and León were definitely united (1250).

5. These *troubadours* came from southern France, chiefly from Provence. They entered Spain in large numbers during the eleventh and twelfth centuries, many of them as pilgrims on their way to Santiago de Compostela. The use of Galician instead of Castilian in the primitive lyric is perhaps due to the fact that the former was a more delicate and flexible language.

6. Spanish cathedrals need not envy those of other countries. As a matter of fact, they surpass them in variety although it may be said that they lack their unity in style. This lack of uniformity is due to the additions which each century has made to the original structure, without imitating it. As a result, many Gothic Spanish monuments have acquired a true national character based on the variety of styles within the same building. Other examples of Spanish Gothic architecture are: the cloister of the *Monasterio de Guadalupe* (Cáceres), *Castillo de Coca* (Segovia), *Iglesia de San Pablo* (Valladolid), *Casa de las Conchas* (Salamanca), etc.

ix

Castilla durante los Siglos XIV *y* XV

Período de guerras civiles. Doña María de Molina.—Durante estos dos siglos Castilla adelantó muy poco la obra de la Reconquista a causa de las muchas contiendas civiles que había en el país. En primer lugar los nobles se rebelaban contra los reyes para adquirir mayores privilegios, y por otro lado los largos períodos de minoría de éstos dieron lugar a luchas entre los diferentes bandos que ambicionaban el poder. María de Molina,[1] esposa de Sancho IV y mujer de gran carácter y energía, tuvo que usar de todo su talento para salvar el reino durante las minoridades de su hijo Fernando IV *el Emplazado*[2] y de su nieto Alfonso XI, a quien tuvieron que proclamar rey a los 14 años con objeto de evitar prolongadas luchas. Fué éste el último gran caudillo de la Reconquista, 'el más enérgico y grande de los Alfonsos de Castilla y sus reyes.' Durante su reinado el sultán de Marruecos invadió de nuevo España, llamado por los moros de Granada, pero fué derrotado en la batalla del *Salado* (1340), una de las más decisivas de la Reconquista. Alentado Alfonso por este triunfo, continuó la guerra, tomó Algeciras, y se disponía a reconquistar Gibraltar cuando murió de la peste negra.

63

Salón de Embajadores (*Alcázar de Sevilla*)

Pedro I el Cruel (1350–1369).—El reinado de Pedro I, hijo de Alfonso XI, fué uno de los más pintorescos y dramáticos de la historia de España. Para la Historia fué un tirano vengativo, sanguinario y cruel; para la leyenda fué un rey democrático y justo que supo dominar a la aristocracia feudal y favorecer al pueblo humilde.[3] Hombre de carácter impetuoso y violento, cometió crímenes de toda clase, llegando a matar a miembros de su propia familia. Las luchas con sus hermanos tuvieron carácter internacional, pues uno de ellos, que después le sucedió en el trono con el nombre de Enrique II, buscó el apoyo de Francia para quitar el trono a don Pedro. Las *Compañías blancas,* compuestas de aventureros de todos los países bajo el mando del francés Beltrán Duguesclin, lograron vencer a las tropas del rey y a sus auxiliares las *Compañías negras,* capitaneadas por el Príncipe Negro, hijo del rey de Inglaterra Eduardo III. En una lucha cuerpo a cuerpo entre los dos hermanos, Enrique consiguió derribar y dar muerte al rey.[4]

En esta época se entablaron relaciones matrimoniales entre las cortes de Castilla y de Inglaterra. Dos hijas del rey don Pedro se casaron con los duques de Lancáster y de York, los cuales por algún tiempo mantuvieron pretensiones al trono castellano por considerarse descendientes legítimos. El matrimonio de una hija del de Lancáster con el heredero de Castilla dió fin a estas disputas, recibiendo los jóvenes esposos el título de *Príncipes de Asturias* (1388), título que desde entonces han llevado los herederos a la corona de España.

Enrique III, Juan II y Enrique IV.—El acontecimiento más notable del reinado de Enrique III fué la expedición a las Islas Canarias (1402), dirigida por dos caballeros franceses al servicio del rey de Castilla. La completa conquista de estas islas no se realizó hasta el reinado de los Reyes Católicos.

Juan II (1406–1454), más aficionado a la poesía que al gobierno del país, abandonó el poder en manos de su favorito don Álvaro de Luna[5] y reunió a su alrededor a todos los hombres de letras de su época, siendo su corte una de las más brillantes de toda la Edad Media.

En el reinado de *Enrique IV* (1454–1474) la autoridad moral de la realeza se había debilitado de tal modo que los nobles descontentos llegaron a destronar al rey en efigie, y a su muerte, en vez de proclamar por heredera a su hija Juana,[6] eligieron reina a su hermana Isabel, casada ya con el infante de Aragón don Fernando. Desde este momento (1474) cambia por completo la historia de España, porque con la unión de los principales reinos de la Península queda formada la monarquía española.

La cultura durante el siglo XIV.—El afán de cultura continúa en este siglo a pesar de las muchas discordias y contiendas fratricidas. En literatura se produjo un gran desarrollo. Juan Ruiz ('Arcipreste de Hita') fué el autor de una obra originalísima, *Libro de buen amor,* donde con gran realismo y humor describe las costumbres y la vida de la época. Con el Arcipreste la lengua castellana adquiere flexibilidad suficiente para ser empleada en la expresión lírica de los sentimientos. El otro formidable representante de la literatura española de este siglo es don Juan Manuel (1282–1348?)— sobrino del Rey *Sabio*—el primer escritor de la Edad Media que ya tuvo un estilo personal en prosa. Entre las muchas obras que se le atribuyen sobresale el *Conde Lucanor,* la obra maestra de la prosa castellana del siglo XIV. Es una colección de cuentos (la primera colección de cuentos escrita en una lengua europea) de diversas fuentes orientales.

En *arquitectura* continúa usándose el estilo gótico. Pero paralelamente a él va adquiriendo importancia un nuevo arte que es orgullo y gloria de España: el arte *mudéjar.* Es el arte hecho o influenciado por los artistas musulmanes que viven ahora en territorios reconquistados por los cristianos.[7] Ya había influido algo en el románico (siglos XI y XII), pero desde el siglo XIII empezó a infiltrarse en el gótico, produciendo edificios magníficos en que lo árabe se refleja en los elementos decorativos más que en la estructura de las construcciones. Notables ejemplos son las dos sinagogas de Toledo: *Santa María la Blanca* y el *Tránsito* (1366), y numerosas iglesias de Aragón, en cuyo reino eran muy numerosos los mudéjares. Pero no fué sólo en edificios religiosos donde se nota la influencia mudéjar, sino mucho más en edificios públicos y en palacios como el admirable *Alcázar de Sevilla.*

La cultura en el siglo XV.—En medio de las agitaciones políticas que continúan en este siglo, las letras hacen progreso y son cultivadas a veces por los reyes y algunos nobles que ya no las consideran indignas de su condición de guerreros. Por otra parte, hombres como el Marqués de Santillana y Juan de Mena enriquecieron la poesía castellana con nuevas formas métricas importadas de Italia. Pero el poeta de fama más universal de este siglo fué Jorge Manrique (1440–1478), autor de las conocidas *Coplas por la muerte de su padre,* traducidas al inglés de una manera insuperable por Longfellow.

En el siglo XV triunfó también un género literario de gran belleza que ya se había manifestado en el siglo anterior. Se trata de los *romances* o poemitas narrativos de carácter episódico que generalmente fueron compuestos en forma dialogada. Los más antiguos eran fragmentos de viejos *cantares de gesta* que recitaban los juglares. Tanto estos romances viejos en que se cantaban las hazañas gloriosas de los héroes castellanos (el Cid, Fernán González, Bernardo del Carpio, etc.) como los que se compusieron más tarde fueron popularísimos e influyeron en la literatura del Siglo de Oro.[8]

66

Sinagoga de Santa María la Blanca (*Toledo*)

Se siguen construyendo magníficas catedrales góticas como la de Sevilla, que es uno de los tres monumentos dedicados al culto católico más extensos del mundo. En *pintura* se produjo una verdadera revolución a causa de la fuerte influencia italiana, y más aún de la flamenca, que fué introducida en España por un pintor de extraordinario mérito— *Van Eyck*—con quien entra la semilla realista en pintura que tan buen fruto había de dar en este país.

NOTAS

1. María de Molina is one of the most famous women in Spanish history, as mother and counselor of kings. She was able to pacify the nobility and uphold the crown during the troublesome and agitated times of the minorities of both her son and grandson. She was immortalized by Tirso de Molina in *La prudencia en la mujer,* one of the best historical dramas of the Spanish classic theater.

2. Fernando IV condemned to death two noblemen of his court, the Carvajal brothers, but they maintained that they were innocent, and called upon him to appear with them within thirty days before the judgment seat of God. Tradition says that Fernando IV died a few days later. Hence the epithet *Emplazado,* which means 'one who has been summoned.'

3. The figure of King Peter has always been very popular in the theater. In many plays and ballads he appears as the protector of the poor against the powerful. The poet José Zorrilla received inspiration from the popular tradition and the poetic legends for his drama, *El zapatero y el rey.*

4. It is said that Bertrand Du-Guesclin, who was witnessing this struggle, remained neutral until his master was overpowered by the stronger Don Pedro. At this moment he gave him a helping hand, while uttering the following words which have become proverbial: 'I do not make or unmake kings, but I help my master.'

68

5. The life and exploits of this important historic figure have been treated repeatedly by historians and poets; many ballads deal with his

fall from power and his tragic death. He was a page in his youth, but the king soon raised him to positions of highest dignity. However, as a result of a conspiracy of feudal lords, who for more than thirty years had been envious of his power and influence as the king's favorite, he was publicly executed in Valladolid in 1453.

6. Corruption and immorality were so rife during the reign of Henry IV that many dared to deny the legitimacy of his daughter Juana, who received the epithet *la Beltraneja* because of the prevailing belief that she was really the daughter of the palace-majordomo, Don Beltrán de la Cueva.

7. These *mudéjares,* or Mussulmans that remained in territories reconquered by Christians, at first enjoyed freedom to practice their religion, language, and customs. But when this early tolerance disappeared they were confined to special quarters of the cities called *morerías* (the Jews were segregated in *juderías*). In the sixteenth century they were compelled to accept Christianity and their name was changed then to *moriscos.* Finally, in the seventeenth century, many were expelled from Spain on purely religious grounds. (*See note 8, chapter* v.)

8. The word *romance* which in this case is used to name a special type of poetic composition must not be confused with that applied to languages derived from Latin. Almost at the same time that the *romances viejos* (dealing with epic or historic themes) were composed, others called *juglarescos* (minstrel-ballads) were sung by the *juglares* about the same epic themes or about some recent historical event which had caught the imagination of the people. Among the many variations of this kind of *romance* mention should be made of the *fronterizos* (frontier ballads) which portray incidents or events, in war or in peace, that took place between Christians and Moors.

Among the foreign writers who were inspired by Spanish ballads were Southey, Walter Scott, and Washington Irving, author of the stirring tales, *The Legend of Roderick* and *The Legend of Pelayo.* Byron and Southey translated some ballads, and Lockart should be particularly mentioned for his *Ancient Spanish Ballads,* the best collection of Spanish ballads in English translation.

X

Cataluña, Aragón y Navarra

[Siglos XII–XV]

Unión de Cataluña y Aragón.—El reino de Aragón, unas veces unido a Navarra y otras separadamente, extendió sus conquistas por territorio musulmán. Alfonso I *el Batallador* conquistó Zaragoza en el año 1118 y llegó atrevidamente hasta Andalucía. Pero cuando este reino adquirió verdadera importancia fué al unirse a Cataluña, que estaba organizada en condado independiente desde el siglo IX.[1] Alfonso II, hijo de una princesa aragonesa y del conde barcelonés Ramón Berenguer IV, es el primer rey de Aragón y Cataluña (1164). Así, unidas las fuerzas de estos dos Estados, catalanes y aragoneses realizaron conquistas tan importantes como las llevadas a cabo por el reino de Castilla. Jaime I *el Conquistador,* contemporáneo de Fernando III *el Santo,* se apoderó de las islas Baleares (1229), habitadas entonces por moros, a donde trasplantó muchos caballeros catalanes que con ellos llevaron su lengua y su cultura. También reconquistó Valencia (1238), que había caído en poder de los almorávides al abandonarla las tropas castellanas del Cid. Desde este momento, sin embargo, Aragón no tuvo ya que luchar contra los musulmanes, porque Castilla se encargó de terminar la obra de la Reconquista.[2] Por consiguiente, catalanes y aragoneses, privados de posibilidades de expansión en la Península, se lanzaron a aventuras extraordinarias en el ex-

70

Monasterio de San Cugat del Vallés (*Barcelona*)

terior, a la conquista de territorios que les fué difícil y costoso mantener.[3]

España en Italia.—La política de expansión por el Mediterráneo que había empezado Jaime I, fué continuada por otros reyes, especialmente por Pedro III *el Grande* (1276–1285), el conquistador de Sicilia (1282), de cuya isla era dueño el francés Carlos de Anjou. Pedro III fué coronado rey por los sicilianos; el rey de Francia y el Papa se opusieron y empezó la lucha entre españoles y franceses por el dominio de Italia, lucha que, como ya veremos, duró varios siglos.

Alfonso V (1416–1458) es otro de los reyes aragoneses que merece ser mencionado, no tanto por sus conquistas como

por la influencia que ejerció en las letras españolas. Nombrado heredero al trono de Nápoles, pasó a Italia en 1442 y allí permaneció hasta el fin de sus días. Como era gran aficionado a la cultura, protegió a los humanistas de ambos países, haciendo que los españoles entraran en la corriente del Renacimiento italiano. A su muerte (1458), Nápoles se separó de la corona de Aragón, pero la dominación española había dejado profundas huellas y durante la segunda mitad del siglo XV continuó siendo grande la influencia política de España. No sólo se dejará sentir en Roma con los Borja, de origen español, sino también en Milán, Ferrara y otros Estados de Italia. Fernando *el Católico* (1474–1516) alcanzó tanto prestigio entre los italianos que fué considerado por ellos como el 'Príncipe modelo,' el único que podía salvarles de la amenaza de los turcos.

Por lo dicho puede verse la gran importancia del reino de Aragón en la formación de la nacionalidad española; su expansión por el Mediterráneo hizo entrar a España, hasta entonces aislada, en la vida política europea.

La nobleza aragonesa.—Aunque en la España medieval hubo nobles díscolos que con frecuencia se rebelaron contra los reyes, el feudalismo nunca fué tan fuerte como en otros países europeos. La nobleza aragonesa y catalana, sin embargo, disfrutó de más poder que la castellana, tal vez debido a que como el reino de Aragón había terminado antes sus guerras de Reconquista, los monarcas ya no conservaban la concentración de poderes necesarios en un estado de guerra. Así se explica que cuando Pedro III, por ejemplo, quiso obtener la colaboración de la nobleza en la conquista de Sicilia, se vió obligado a reconocer y confirmar todos sus privilegios y derechos. Otro tanto hizo Alfonso III (1285–1291) en un famoso documento llamado *Privilegio de la Unión.*

Cultura literaria y artística.—En cuanto a cultura, Cataluña tuvo una literatura propia e importante durante los tres últimos siglos de la Edad Media. Hasta el siglo XIII floreció allí una escuela numerosa de trovadores que escribieron primero en provenzal y luego en catalán. Pero el hombre más conocido de la literatura catalana de estos tiempos fué el mallorquín *Raimundo Lulio* (1232–1315), una de las figuras más distinguidas de toda la cultura medieval. Además de ser el primer poeta lírico en catalán, fué el creador de una escuela filosófica cuyas doctrinas tuvieron gran difusión en Europa en el siglo XVI.[4] Otro gran poeta lírico de Cataluña fué *Ausías March* (1379–1459), discípulo de Petrarca que influyó en algunos poetas castellanos. En catalán también se escribió *Tirant lo Blanch,* ejemplo espléndido de la novela caballeresca.

El arte *gótico* está soberbiamente representado en la catedral de Barcelona, en el Ayuntamiento y Diputación de la misma ciudad, y en la Lonja de Valencia. Y como en Aragón había gran número de mudéjares, existen numerosas iglesias —entre otras la catedral de Teruel—con decoraciones en ladrillo y cerámica de puro carácter musulmán.

En pintura se sintió desde muy temprano la influencia italiana. Valencia tuvo una escuela de pintores de verdadero mérito, y en Barcelona trabajó 'el más recio de los primitivos españoles,' *Bartolomé Bermejo,* quien ha dejado obras de gran valor.

El reino de Navarra.—Aunque están un poco oscuros los comienzos de este reino en el siglo VIII, se sabe que en el siglo X llegó a ser con Sancho *el Mayor* el más importante de la Península. Después fué perdiendo su predominio político ante la expansión de Castilla y Aragón, hasta quedar reducido a la provincia de Navarra en los Pirineos. Desde

73

1234 y por espacio de siglo y medio, aproximadamente, su historia pertenece a la de Francia. A principios del siglo XV estuvo unido a Aragón, pero pronto volvió a incorporarse a la nación vecina. Finalmente, en 1512, Fernando *el Católico* conquistó el reino y desde entonces ha formado parte de la nacionalidad española.

El principal representante de su cultura fué el Príncipe de Viana, hijo de Juan II de Aragón (I de Navarra), muy querido de su pueblo. Su muerte en circunstancias misteriosas (1461), antes de ocupar el trono, privó al reino de los servicios de un hombre de excelentes cualidades: culto, amante de los clásicos, buen poeta y notable prosista.

NOTAS

1. Wilfredo *el Velloso* (874–898) is believed to be the first independent count of Catalonia. Before that time, this region, under the name of *Marca Hispánica,* formed part of the great empire of Charlemagne and was governed by counts who were vassals of the king of France. The Franks had taken possession of this part of Spain in order to protect their empire from the incursions of the Mohammedans.

2. The treaty of *Almizra* (1244) determined the limits of expansion for the kingdoms of Castile and Aragon. This event, apparently very insignificant, marked the policy to be followed by both kingdoms. Aragon, having to fight the Moors no longer, cast its eyes on the sea, on the Mediterranean, while Castile, assuming the task of ending the Reconquest, was unable to undertake foreign ventures until two centuries later, when it discovered America.

3. One of these extraordinary adventures took place during the reign of Jaime II (1291–1327). It was an expedition of Catalonians and Aragonese to the Eastern Mediterranean. Under the command of their leader *Roger de Flor* they fought the Turks and succeeded in taking Constantinople (1302); but, when he was murdered, his companions retreated to Greece, where they organized small states which they placed under the

74

La Lonja de Valencia

sovereignty of the king of Aragon. The exploits of this astonishing expedition have been sung by Ramón Muntaner (1265–1336) in *Crónica de Jaime I* and, years later, by Francisco Moncada (1586–1635) in his *Expedición de catalanes y aragoneses*. The same theme was treated in one of the best romances of chivalry, *Tirant lo Blanch* (*c.* 1460).

4. He was very well known in Europe as *El Doctor Iluminado* (The Enlightened Teacher), and considered one of the outstanding men in the fields of science and philosophy of that time. He made a great reputation by his lectures in the universities of Paris and Rome. Almost all his works were written first in Catalan, but later he translated them into Latin so that they could be read outside of Spain. His philosophic doctrines are characterized, according to Menéndez Pelayo, by the use of allegories, apologues, and the graphic use of trees and circles. The same literary historian calls him one of the outstanding mystics of Europe in the Middle Ages.

It is said of Lulio that in his youth he entered a church one day mounted on a horse, in pursuit of a lady. In order to check his sacrilegious impulses she uncovered her breast devoured by cancer. Lulio's shock was so great that he abandoned his mundane life and for years devoted his efforts to the preaching of Christianity to Jews and Mohammedans in Syria, Palestine, and North Africa where he suffered martyrdom one year before his death.

Herencia Medieval

El estudio de la Edad Media es indispensable para el conocimiento de algunos elementos de las nacionalidades modernas. En España lo es mucho más por cuanto la proximidad del Islam determina un proceso medieval distinto al de otros países europeos. Sin entender la Edad Media no se comprendería el Romanticismo español, ni el problema regionalista, ni el descubrimiento y colonización de América en el sentido de cruzada del catolicismo español.

La raza hispánica.—Para muchos historiadores el pueblo español es uno de los más puros de Europa. Según ellos, durante la Edad Media española (414–1474) todos los elementos raciales fueron asimilados por el núcleo racial primitivo de *celtíberos,* que ya existía desde el siglo III antes de Cristo. A este elemento, resultante de la fusión de la raza *ibérica* (de origen africano-mediterráneo), llegada a la Península en tiempos prehistóricos, y la raza *céltica* (de procedencia europea), deben añadirse otras dos infiltraciones *indogermánicas* (europeas)—los romanos y los visigodos. (Desde el punto de vista étnico creen estos historiadores que los fenicios, griegos y cartagineses dejaron poca influencia.) Viene después la aportación *semita* (árabes) y la norteafricana (bereberes), que fué absorbida por la masa de población existente. Algunos de los elementos raciales que por motivos religiosos no pudieron ser absorbidos, fueron expulsados de la Península.

77

Descentralización política.—En otros pueblos europeos se llegó a la centralización política antes que en España. Recuérdese que si los visigodos fundaron el primer Estado nacional español, el país más tarde se fraccionó y este fraccionamiento—aparte del clima y la geografía—ha condicionado las variedades regionales que todavía se observan en la Península ibérica hoy. Los musulmanes nunca llegaron a dominar todo el país, y cada uno de los reinos cristianos tenía sus fueros y leyes especiales que, frecuentemente, los reyes juraban respetar antes de ascender al trono. Así vemos que al terminar la Edad Media aun existían en la Península cuatro reinos independientes: Castilla, Aragón, Navarra y Portugal. (Las Provincias Vascongadas pertenecían territo-

FRANCIA

Oviedo

REINO DE LEÓN

León

REINO DE NAVARRA

Burgos

Valladolid

R. Duero

REINO DE

Zaragoza

R. Ebro

REINO DE

Barcelona

REINO DE CASTILLA Y LEÓN

Madrid

ARAGON

REINO DE PORTUGAL

R. Tajo

Toledo

Valencia

MEN

MALLORC

Guadiana

IBIZA

Lisboa

Córdoba

Sevilla

R. Guadalquivir

REINO DE GRANADA

ESPAÑ

en el

Siglo XV

Algeciras

Ceuta

A F R I C A

rialmente a Castilla, pero administrativamente disfrutaron de casi completa independencia hasta el siglo XIX.) Como consecuencia de lo dicho, no debe extrañarnos que durante la Edad Moderna y aun en la Contemporánea estos antiguos reinos hayan luchado por sus libertades especiales, a veces con carácter separatista y nacionalista. La última República española reconoció el derecho de las regiones a gobernarse por sí mismas y concedió plena autonomía a dos de ellas: Cataluña y Vasconia.

Al problema político conviene añadir el de la lengua como factor de disociación entre los Estados medievales. Ya hemos visto que paralelamente al romance castellano se hablaban otras lenguas en la Edad Media, algunas con literatura importante, como la galaico-portuguesa y la catalana. Durante la época del Imperio se impuso el castellano, pero las otras dos lenguas (y también la vasca) han seguido hablándose en España hasta hoy. Por todas estas razones puede asegurarse que nunca ha existido una completa fusión entre españoles.[1]

Otras aportaciones de la Edad Media.—Es preciso repetir que el período medieval es la clave de la nacionalidad española. Muchos ideales que mantuvieron los españoles en la Edad Moderna hay que buscarlos en la Edad Media. Entre otros podríamos mencionar su exaltado fervor religioso, su firme fe en la misión providencial de España, su vocación monárquica, su tradición democrática y el sentimiento del honor.

Las *creencias religiosas* del español se afianzaron en la larga lucha de siglos con el Islam, lucha que dió a la Reconquista un carácter religioso más bien que político. Por esta razón, durante la larga cruzada contra los enemigos de la fe la Iglesia adquirió una posición privilegiada que, con excepción de algunos períodos de liberalismo, ha conservado

79

hasta los tiempos actuales. Los reyes concedían a iglesias y monasterios extensos territorios a cambio de su colaboración en la guerra contra el musulmán, y el clero ejerció gran influencia no sólo por desempeñar las funciones de consejeros y confesores de la corona, sino por el poder, riqueza y exenciones que disfrutaba.[2] La prolongada lucha contra los infieles también produjo el espíritu de intolerancia española, especialmente después de la invasión de almorávides y almohades—gentes sectarias que convirtieron a la España musulmana en una provincia africana.

En la lucha contra el Islam también se afianzó la *vocación monárquica* del español, vocación sólo interrumpida durante cortos períodos. La idea monárquica y el sentimiento religioso daban cohesión a aquella sociedad en formación. Para el español de entonces la monarquía representaba la unidad y era el símbolo de legalidad y orden en contra de la anarquía producida por la nobleza revoltosa. Basándose en la fórmula *Dei gratia rex,* los reyes aspiraban a ejercer un poder absoluto, pero hasta el tiempo de los Reyes Católicos este absolutismo perdía fuerza al verse obligada la corona a conceder tierras y privilegios a la nobleza, a la Iglesia y a algunas ciudades libres a fin de conseguir su ayuda y colaboración en las guerras.

El *sentimiento democrático* generalmente reconocido en el español es otra característica que tiene sus raíces en la Edad Media. Según avanzaba la Reconquista, los reyes necesitaban repoblar los territorios conquistados y para atraer gentes a aquellas zonas fronterizas ('tierras de nadie') concedían *cartas-pueblas* o escrituras en que se garantizaban ciertas libertades y derechos. Así se organizaron algunos municipios libres, gobernados por un *Concejo* o asamblea de vecinos de elección popular, que eran favorecidos aún más por la corona cuando acudían con sus propias milicias a la guerra

Escudo de los Reyes Católicos

contra los invasores.[3] Antes que en otros países europeos, estos municipios libres empezaron a enviar representantes a los *Consejos* del rey (*Curia Regia*), donde se sentaban con prelados y nobles (1188). En las luchas entre realeza y nobleza, estas ciudades libres de Castilla se pusieron por lo general del lado de aquélla, contribuyendo quizás de este modo a que el feudalismo no echara hondas raíces. La repoblación, pues, de nuevos territorios produjo en Castilla más hombres libres que en otras partes de Europa.

Otra clase social muy importante en la vida española es *la nobleza*. Como en la Edad Media no había ejércitos organizados a la moderna, el rey tenía necesidad de pedir ayuda a cuantos disponían de elementos de guerra: nobles, Órdenes militares, ciudades libres y hasta prelados poderosos. De esta manera los nobles recibieron del rey no sólo tierras (villas y ciudades) sino exención de tributos y otros privilegios. Con el tiempo, los matrimonios entre familias nobles poderosas y la institución de los *mayorazgos*[4] pusieron en manos de unos cuantos enormes extensiones de tierras cultivables. Éste es, en parte, el origen de los *latifundios*[5] que aún existen en algunas regiones España.

Juntamente con el sentimiento religioso y monárquico se desarrolló en el pueblo español medieval el *sentimiento caballeresco,* que tan hondas raíces tiene en el hombre hispánico. En aquella lucha contra una raza de religión y costumbres tan diferentes tuvo gran importancia la clase social de los *caballeros,* es decir, de hombres que acudían a las batallas con su propio caballo y sus propias armas.[6] La asociación o hermandad de estos caballeros de sangre noble (*Orden de Caballería*) constituía una nobleza especial, caracterizada por su disciplina y su código de honor. Los miembros de la Orden—tanto en España como en el resto de la

Penitentes en Semana Santa (*cuadro de Sorolla*)

Europa cristiana—mantenían una regla especial de vida según la cual estaban obligados a luchar por causas nobles, defender la fe, proteger a los débiles, ejercitar valor en los combates, honrar la palabra empeñada y tener una conducta moderada. El caballero español se distingue, además, por su fervor en la defensa de los ideales cristianos y por su culto a la mujer.

En relación con *la mujer española* se puede decir que la estimación en que fué tenida, así como su reclusión y su amor al hogar y a la familia son producto también de la lucha contra un invasor de otra sangre y otras creencias. La sociedad medieval de la Península, al verse amenazada, trató de defender su propia concepción de la vida exaltando dos virtudes cristianas: la dignidad de la mujer y el vínculo matrimonial—virtudes ambas poco estimadas por la raza invasora. De este modo, la mujer pasó a ser símbolo de la comunidad cristiana, y todo caballero tenía la obligación de defender el honor de su familia, de la que era centro la mujer. El pueblo español vivió intensamente el honor, de lo que son prueba las numerosas obras de teatro que usan ese sentimiento como resorte de la acción. Ciertamente, el sentimiento del honor como el religioso han sido para el español valores permanentes, aliento del espíritu en su vida agitada y poco segura.[7]

En conclusión, la Reconquista—que hasta cierto punto puede ser considerada como la contribución de España a la causa de la cristiandad—preparó al español para su difícil aventura en la Edad Moderna: cruzada contra turcos y protestantes, conquista y colonización de un Nuevo Mundo, guerra de la Independencia contra Napoleón, etc., aventuras todas superiores a sus fuerzas físicas y económicas.

NOTAS

1. The Spanish nation was not formed until the following period. But even then both sovereigns decided to reign together as co-regents of a dual monarchy based on the political equilibrium of two kingdoms that had become united. This explains why the formula of unification contained the words:

> *Tanto Monta*
> *Monta Tanto*
> *Isabel como Fernando*

('Isabella amounts to as much as Ferdinand')

2. Through donations to monasteries of whole cities and villages and acquisitions by purchase the Church enjoyed great power and wealth. Later on, in the seventeenth century, the number of priests, nuns, and monks had increased to such proportions that the Spanish *Cortes* remonstrated to the king the harm inflicted on the national economy by the shortage of secular labor.

3. Many of these free municipalities were created near the frontier with the Mohammedans, in depopulated lands when the kings offered certain freedoms and privileges to *mozárabes* from the South and people from the North who wished to better their economic situation. The importance of these municipalities diminished when the kings did not need their help to punish the rebellious nobility or to fight the Moors. (*See note 8, chapter* v.)

4. In the early Middle Ages there were two main classes of nobility: the *ricos-hombres* and in second place *fijosdalgo* and *infanzones*. Charles V later (1520) made a distinction between *Grandes de España* (of whom there were only twenty-five) and *Títulos* (dukes, counts, marquises). He addressed the first as *primos,* who had the right to remain covered in his presence, and the second as *parientes* (relatives). In the course of time, the nobility increased its power and wealth through the system of *mayorazgos,* which perpetuated in the first born all the family holdings without even the right to sell them or divide them with brothers and sisters. As a result the history of Spain is filled with *segundones de casa grande* who had to find a way of livelihood in the Church or in the Army. The *Siete Partidas* sanctioned this inequality among the members of a family, and

85

its influence still is felt in some sectors of Spanish economy. The system contributed to the perpetuation of the names of famous noble families, but it was highly damaging to agriculture.

5. *Latifundios* are the accumulation of large extents of arable land in the unproductive hands (*manos muertas*) of the Church and the nobility. In the nineteenth century the Church was compelled to sell most of its land holdings, but unfortunately these lands passed into the hands of those with money who could pay a nominal price for them. In consequence, the Spanish peasant, particularly in southern Spain, still works today (when there is work for him) for an absentee landlord and his situation continues deplorable.

6. According to their degree of nobility, there were *caballeros fijosdalgo* and *caballeros infanzones*. Both entered the *Orden de Caballería* after very complex rituals and after serving their apprenticeship in the palace of the king or with some other nobleman as *escudero* or *doncel*. There were also *caballeros villanos* (free men but not of noble lineage) who received recognition from the king as long as they were able to own a horse and buy the weapons needed for war.

7. From the Middle Ages there came down to modern times the *gremios* (guilds) and *cofradías* (brotherhoods). The first were organizations of free men who exercised the same trade; there were many in the sixteenth and seventeenth centuries—all very jealous of their privileges and regulations. The *cofradías* were also associations of *menestrales* (workers), but with the main purpose of rendering assistance to each other; usually they placed themselves under the protection of some saint, in whose honor they celebrated special festivities. This tradition still persists in modern times, and men of a *cofradía* attend in a body certain religious festivities. In Seville, for instance, the *penitentes* parade through the streets during Holy Week in the religious processions they themselves organize. They dress in long black or purple robes, with pointed hoods which have only two openings for the eyes. In their hands they carry long thick wax candles that burn constantly for several hours while the procession lasts.

XII

****

Edad Moderna.
Los Reyes Católicos[1]

Unión de Castilla y Aragón.—El casamiento de Fernando e Isabel en 1469 marca el comienzo de la España grande y gloriosa, porque Isabel hereda la corona de Castilla a la muerte de su hermano Enrique IV (1474) y Fernando sucede a su padre Juan II en el reino de Aragón (1479). Unidos los dos reinos más importantes de la Península, España entra en la Edad Moderna como una nación fuerte, guerrera, acostumbrada a una lucha de siglos con los musulmanes, llena de energías y entusiasmos y preparada para influir en el continente y arriesgarse en aventuradas empresas, tal como el descubrimiento y la conquista de un Nuevo Mundo.

La unidad política. Conquista de Granada.—El primer paso de los Reyes Católicos para formar una nación grande fué el de robustecer su autoridad, acabar con el estado de anarquía de siglos anteriores, y, en suma, centralizar el poder. Para lograr esto se atrajeron a los nobles descontentos, destruyeron castillos feudales y crearon un cuerpo de policía rural, la *Santa Hermandad* (1476),[2] con objeto de man-

Estatua orante de Isabel la Católica

tener el orden por todo el reino. Trataron los reyes después de llegar a unir a todos los habitantes de la Península bajo el mismo cetro. La empresa tenía dificultades, pero valía la pena intentarla. Si la unión con Portugal no se logró hasta más tarde, se realizó en cambio la conquista del reino de Granada, último baluarte de la dominación árabe en España. Los reyes en persona dirigieron la expedición contra los moros granadinos, quienes, no obstante haberse defendido heroicamente por diez años, tuvieron que entregar la ciudad en 1492 (2 de enero).[3] El hecho tuvo gran resonancia en Europa y contribuyó a aumentar el prestigio de la monarquía española.

Unidad religiosa. Expulsión de los judíos.—Con la conquista de Granada se había conseguido la unidad política de España[4]; faltaba llegar ahora a la unidad religiosa. En un país como España, formado de elementos étnicos tan diversos, era necesario encontrar un lazo de unión entre todos estos pueblos, era necesario llegar a la unidad de la fe. Como los judíos eran un obstáculo a esta política de los Reyes Católicos, se decretó el 31 de marzo de 1492 la expulsión de todos los que no quisieran convertirse al catolicismo. Cuatro meses después miles de ellos tuvieron que emigrar a Grecia, Asia Menor y Marruecos donde sus descendientes, los *sefardíes,* todavía conservan la lengua castellana de sus antepasados.[5] Aquella tolerancia castellana de los siglos XII y XIII había desaparecido; ni siquiera se respetaron las capitulaciones hechas con los granadinos en que se les garantizaba el libre ejercicio de su religión si se sometían. Este celo religioso llevó a la reina y a muchos prelados a la reforma de la Iglesia y al establecimiento de la Inquisición (1478), cuyo principal objeto era el de vigilar a todos aquellos que ocultamente practicaban otra religión que la católica.[6]

Dominación española en Italia. El Gran Capitán.—Resuelto el problema interior y conseguida la unidad política y religiosa, se presentó a los Reyes Católicos el problema de la supremacía en Europa que les disputaba Francia. El rey francés Carlos VIII invadió la península italiana y se proclamó rey de Nápoles (1495), desposeyendo del trono a Fernando, pariente del Rey Católico. Como éste se creía con derechos a aquel reino, se declaró defensor de los italianos y envió a Italia al famoso general Gonzalo Fernández de Córdoba, mejor conocido con el nombre de *Gran Capitán,* el cual, con un ejército de españoles, derrotó a los franceses en las famosas batallas de *Ceriñola* y *Garellano* (1503) y entró triunfalmente en Nápoles y Roma. Entonces comienza en Italia un período de gran influencia española, y el castellano pasa a ser la lengua de la diplomacia.

La prudencia y el carácter enérgico del rey, verdadero tipo de político del Renacimiento, así como el talento y las virtudes de la reina, convirtieron a España, de país pobre y dividido, en una de las naciones más poderosas y progresivas. La victoria sobre los franceses en Italia, el descubrimiento de América, y la política astuta del Rey Católico para aislar a Francia por medio de enlaces matrimoniales de la corte española con otras familias reales extranjeras,[7] dieron a España autoridad suficiente para imponer a Europa su voluntad y pensamiento. En 1504 murió la reina Isabel, inteligente como pocas, afable, valerosa y amparadora de las grandes empresas, dejando heredera a su hija Juana *la Loca* y como regente a su esposo don Fernando. Por incapacidad de doña Juana[8] se nombró rey a su hijo Carlos (1517), con quien comenzó una dinastía extranjera (la dinastía austríaca), bajo cuyo dominio España llegó al más alto poderío, para descender después a la más honda decadencia.

90

Fachada de la Iglesia de San Pablo (*Valladolid***)**

Cultura literaria y artística.—Una de las mayores glorias de los Reyes Católicos fué la protección que dispensaron a las letras. Hicieron venir a muchos humanistas de Italia y dieron un gran impulso al estudio de los clásicos. Todo el que pretendía ser instruido debía estudiar las lenguas y literaturas de la antigüedad. Se crearon muchas bibliotecas y se reformaron las universidades de Sevilla (1509), Valencia (1499), y sobre todo la muy famosa de Alcalá (1508), a la que tanto favoreció el Cardenal Cisneros, uno de los más grandes propulsores de esta cultura renacentista.[9]

La literatura tuvo un gran desarrollo, al que contribuyó no poco la introducción de la imprenta (1474). Los romances siguen floreciendo, haciéndose de ellos varias colecciones o *romanceros*. En este período aparecen algunas de las mejores obras de la literatura española: el *Amadís de Gaula* (1508), la más importante de todas las novelas caballerescas, muy imitada y traducida por toda Europa; *La Celestina* (1499), una de las grandes obras de la literatura universal, que presenta por primera vez caracteres de carne y hueso movidos al impulso de pasiones humanas. Esta obra influyó mucho en la literatura española y extranjera, especialmente en el teatro inglés. También ejerció gran influencia la novela sentimental *Cárcel de Amor* (1492), de Diego de San Pedro.

Como poetas dramáticos sobresalen Juan del Encina, considerado como el fundador del teatro español, y Torres Naharro, autor de una colección de ocho comedias de marcada influencia italiana.

Con los Reyes Católicos recibe el arte nuevo impulso; los prelados y los nobles empiezan a rivalizar con los reyes en la fundación de conventos, colegios, hospitales, etc. A fines del siglo XV se produce en *arquitectura* un estilo riquísimo en elementos decorativos al que se ha dado el nombre de *estilo*

93

Patio del Colegio de San Gregorio (*Valladolid*)

Isabel. Es producto de la fusión del gótico florido, introducido por artistas flamencos y alemanes, y del mudéjar español. Ejemplos notables de este estilo son: la iglesia de San Juan de los Reyes (Toledo), Capilla Real (Granada) y el Colegio de San Gregorio (Valladolid). Además se inicia en este reinado el estilo *plateresco,* llamado así por la riqueza de adornos que semejan el trabajo de los plateros. En realidad, el plateresco es una mezcla del Renacimiento italiano con el estilo Isabel, y se caracteriza por la delicada ornamentación de ciertos espacios, como se puede ver en las fachadas del Hospital de Santa Cruz (Toledo), de la Universidad de Salamanca, del Colegio de Santa Cruz (Valladolid) y de muchos otros edificios del siglo XVI.

También se advierte la influencia flamenca y alemana en la *escultura* de retablos, tumbas, sillerías de coro, etc. Ejemplos de valor son el mausoleo de Juan II en la Cartuja de Miraflores (Burgos) y los decorados de San Juan de los Reyes.

En *pintura* continúa la influencia flamenca, tal vez por ser su técnica muy adaptable al temperamento realista del pueblo español.

NOTAS

1. The title of *Catholic Sovereigns* was conferred upon Ferdinand and Isabella in 1496 by Alexander VI, a Pope of Spanish origin, in consideration of the great service they had rendered Christendom.

2. This institution was created by the king and queen in 1476, with the main object of punishing crime outside the limits of towns and cities, and thus rid the countryside of highwaymen and other criminals. This type of rural police corps, with its own courts and independent jurisdiction, served as a model for the establishment of the *Guardia Civil* (1844), which still constitutes today the maximum guarantee of public order in Spain.

Fachada de la Universidad de Salamanca

3. It is told of Boabdil ('El rey Chico'), the last king of Granada, that upon surrendering the keys of the city he exclaimed: 'These, Sir, are the keys of this paradise.' There is another legend which relates that Boabdil was not able to contain his tears while looking at the capital of his kingdom for the last time, whereupon his mother commented: 'Weep, weep as a woman, since you have not been able to fight like a man,' The place where he wept has been called *El último suspiro del moro* ('The Last Sigh of the Moor').

4. The small kingdom of Navarra was still independent at the end of the fifteenth century. King Ferdinand attempted to incorporate it within the crown of Castile and Aragon by means of matrimonial alliances. But, having failed, he sent his armies to conquer it, and its rulers fled to France (1512).

5. During the twelfth, thirteenth, and fourteenth centuries the Jews were greatly favored in Spain and contributed much to the cultural and economic development of the medieval Christian kingdoms. They excelled in banking, in business, and in the collection of taxes for the crown. They also distinguished themselves in many cultural activities. Jewish doctors were frequently called to the palaces of kings and noblemen. Toward the end of the fourteenth century, however, their influence began to diminish; people began to mistrust them on account of their economic power and because of religious prejudices. Even those who had been converted to Christianity were mistrusted and called *marranos,* because it was believed that they practiced secretly their religion. Finally, they were compelled to live in special quarters (*juderías*) and to wear special costumes to differentiate them from the rest of the population. It is not known how many left Spain in 1492, but perhaps it was as many as 300,000 of the half a million supposedly living in the country at the time. Those who preferred exile dispersed to all corners of the earth and are called *sefardíes* or *sefarditas* (from *Sefarat* = Spain). Many today still speak the archaic language of their Spanish ancestors and sing old ballads no longer known in Spain.

6. The Inquisition was an ecclesiastical tribunal whose activities were at first limited to trying persons accused of heresy, magic, or other offenses against the Faith.

7. One of the greatest ambitions of Ferdinand and Isabella was to attain the political unity of all the Iberian peninsula and to increase the international prestige of the newly created kingdom of Castile and Ara-

gon. To succeed in their aims they planned matrimonial alliances with foreign princes and princesses. Unfortunately most of these plans failed, due to the premature death of some of their children. The heir to the throne, *Juan,* died (1497) very soon after his marriage to Margaret of Austria, daughter of Emperor Maximilian. *Isabel* was married to Alfonso of Portugal and, after Alfonso's death, to his brother Manuel; she died on giving birth to prince Miguel, sworn heir to all the kingdoms of the peninsula before his death two years later (1499). *María* married the 'widowed' Manuel. *Catalina* married Arthur, Prince of Wales and, later, his brother king Henry the VIII. *Juana* became the wife of Philip *the Handsome,* son of Maximilian. For lack of a male heir, Juana became the legitimate successor to the Spanish throne.

8. Regarding the insanity of Doña Juana there has been much controversy. While history tells us only that her mental faculties were unbalanced, poetry and legend attribute this derangement to the infidelity of her husband, whom she loved madly. It is certain that the untimely death of the Archduke (1506), a few months after arriving in Castile, aggravated the melancholia of the queen, and her father Don Fernando had to assume the regency. After accompanying her husband's body across Spain, from Valladolid to Granada, where he was buried, Doña Juana spent the rest of her life as a recluse in a palace in Tordesillas.

9. Cardinal *Ximénez de Cisneros* is one of the most notable men Spain has produced. The historian Prescott says that he was not only as great a statesman as Richelieu, but a man of deeper human sympathy and understanding. He began his career as a humble Franciscan friar, and step by step he became confessor to the queen, inquisitor-general, Archbishop of Toledo, cardinal, regent of the kingdom, and even leader of a military expedition to Orán. But his most lasting fame derives from having founded the University of Alcalá, removed many years later to Madrid (1836). Under his auspices the famous *Biblia Políglota Complutense* (Complutensian Polyglot Bible) was published (1515), with the text of the Scriptures in Hebrew, Greek, Chaldean, and Latin.

XIII

****

Carlos V. El Imperio Español

El siglo XVI representa el período de mayor grandeza de la monarquía española. Los Reyes Católicos habían preparado el camino y ahora España se pone al frente del movimiento político y cultural de Europa.

Carlos V (1517-1556).—Como ya queda dicho, Isabel *la Católica* murió en 1504 y su esposo Fernando en 1516.[1] Un año más tarde subió al trono de España su nieto Carlos I, el cual poco despues fué elegido emperador de Alemania con el título de Carlos V (1519), viniendo a ser por esta razón el monarca más poderoso de su tiempo. En España se le recibió con frialdad por desconocer la lengua castellana, el espíritu y costumbres de los españoles y, además, porque habiendo sido educado en Flandes, donde nació, sentía marcada simpatía por sus consejeros flamencos, a quienes dió los más importantes puestos de gobierno. Tampoco vieron con buenos ojos los españoles sus aspiraciones al Imperio alemán y mucho menos el que tomara el título de rey de España mientras vivía su madre. Todo esto unido a los gastos de su coronación como emperador, produjo un gran descontento que culminó en el levantamiento de algunas ciudades celosas de sus libertades. Los rebeldes, llamados *Comuneros* por defender la causa común del pueblo, fueron al fin vencidos y sus jefes ejecutados públicamente como traidores.[2]

99

Carlos V a caballo (*cuadro de Tiziano*)

Desde el momento en que empieza a reinar este nuevo rey, cabeza de una dinastía extranjera (la *Casa de Austria* 1517-1700), cambia por completo la política tan española iniciada por los Reyes Católicos, y se convierte en europea, protectora de Flandes y enemiga de Francia e Inglaterra.[3] Ésta fué la política que España defendió por espacio de 200 años y en la que se gastaron los tesoros de América y las energías de la raza.

Guerras con Francia.—Francisco I, rey de Francia, fué el irreconciliable enemigo de Carlos V;[4] ambos aspiraban a la supremacía en Europa. Italia, como en el reinado anterior, iba a ser el teatro principal de las cuatro guerras que sostuvieron. Entre los hechos notables de este período de luchas se destaca la victoria de Pavía (1523), en la que el rey francés fué hecho prisionero, y el saqueo de Roma (1527) por tropas alemanas y españolas al mando del Condestable de Borbón, muerto en el asalto. Carlos V sufrió algunos reveses; no obstante su prestigio quedó arraigado; los italianos le respetaban como señor de toda Italia, y el mismo Papa le coronó emperador de Occidente en Bolonia (1530), en una de las ceremonias de más pompa y suntuosidad que se conocen.

España, defensora del catolicismo.—Según un historiador italiano de la época, era corriente en labios de soldados españoles la expresión: *pon la honra, pon la vida, y pon las dos, honra y vida, por tu Dios.* En estas palabras se refleja el espíritu de España en el siglo XVI como defensora de la fe católica y enemiga de protestantes e infieles. En la cuestión religiosa de Alemania trató Carlos V de llegar a un acuerdo con los protestantes, a fin de mantener unidos a todos los cristianos, pero viendo que tal intento era imposible, apeló a las armas y venció a los príncipes alemanes en la famosa batalla de *Mühlberg* (1547). Al fin se llegó a un convenio (Augsburgo,

1555) por el cual se reconocía igualdad religiosa a protestantes y católicos alemanes. Podríamos decir que Carlos V es figura importante en la historia no por ser emperador de Alemania, sino por ser el campeón de aquella España heroica del siglo XVI que dió su sangre defendiendo un catolicismo muy distinto del que practicaban otros países, los cuales no dudaban en aliarse con los mismos enemigos de la fe con tal de satisfacer sus propias ambiciones.

Otras empresas militares de Carlos V.—De carácter religioso y político fueron las guerras que Carlos V sostuvo contra turcos y berberiscos. El Imperio turco se había hecho fuerte después de la conquista de Constantinopla (1453), llegando a su máximo poder durante el reinado del sultán Solimán *el Magnífico* (1520–1566). Aprovechando éste las luchas en Europa y contando con el apoyo de Francisco I se presentó con su ejército ante los muros de Viena, de donde tuvo que retirarse cuando acudió Carlos V en ayuda de la ciudad (1532). A España, pues, le corresponde el mérito de haber salvado una vez más a la cristiandad de un nuevo peligro.

Por otra parte, España tuvo que hacer frente a una nueva amenaza en el Mediterráneo: la del corsario *Barbarroja*, que desde el reino de Túnez ponía en peligro los dominios españoles. Carlos V preparó una expedición y conquistó Túnez (1535), rescatando a miles de cautivos cristianos en poder de los berberiscos. En 1541 también quiso el emperador apoderarse de Argel, pero debido a una violenta tempestad y al furioso contraataque de los moros la expedición tuvo que abandonar las costas de África.

Abdicación de Carlos V.—Cansado el emperador de aquella vida tan agitada que le obligaba a viajar constantemente por toda Europa, decidió abandonar las glorias de este mundo y retirarse a un monasterio para encontrar allí la paz que tanto deseaba. En Flandes mismo, donde se hallaba, renunció al gobierno de sus extensos Estados. Primero abdicó la corona de emperador en su hermano *Fernando* y la de España en favor de su hijo *Felipe* (1556).[5] Dos años más tarde murió en el monasterio de Yuste el soberano más poderoso de toda Europa.[6] Fué Carlos V un hombre de gran serenidad, resistencia física e incansable actividad. Durante su reinado llevó a cabo nueve campañas en Alemania, siete en Italia, cuatro en Francia, diez en Flandes y dos en África. Se comprende, pues, que a la edad de cincuenta y cinco años hallara pesada la corona y quisiera renunciar a las honras y vanidades de este mundo. El propósito de su vida había sido: impedir la supremacía de Francia, detener el avance de los turcos y luchar en todas partes por el triunfo del catolicismo. Aunque no haya logrado todos sus objetivos, es preciso reconocer sus excelentes cualidades de estadista y militar.

NOTAS

1. From the death of Ferdinand to the arrival of the new king, the regency was in the hands of Cardinal Cisneros. Carlos was seventeen years old and had never set foot on Spanish soil. On being elevated to the throne of Spain, he received the title of Charles I, but in history he is more generally known as Charles V, Emperor of the Holy Roman Empire. His brothers and sisters were: *Don Fernando,* born and educated in Spain and his successor to the Empire; *Doña María,* queen of Hungary; *Doña Isabel,* queen of Norway and Denmark; *Doña Leonor* and *Doña Catalina,* queens of Portugal.

2. This insurrection lasted but a short time and failed through lack of unity. Nevertheless, the names of its leaders, Padilla, Bravo, and Maldonado, are revered by the Spanish people, who consider them defenders of their liberties, heroes, and martyrs. Concurrent with this war of

the *Comunidades,* a revolt which was more social than political in character, took place in Valencia, with the populace united into *Germanías* or *Hermandades* against the noblemen and the bourgeoisie (1522).

3. Although Flanders was only a part of the Low Countries, these two names are used interchangeably to designate the territory that Belgium and Holland occupy today. The dukes of Burgundy converted these provinces in the fifteenth century into the richest, most civilized and flourishing region in Europe. In 1477, the Low Countries were annexed to the House of Hapsburg as a result of the marriage of Maximilian I to María, the last descendant of the dukes of Burgundy. Later, these states were incorporated in the crown of Spain by the marriage of Philip, the son of Maximilian, to *Juana la Loca,* heiress to the Spanish throne. Their son, Charles, at the age of six, on the death of his father (1506), came into possession of the dukedom of Burgundy. These and other matrimonial alliances explain the origin in Spain of the House of Hapsburg and also the bitter wars of this nation in the Low Countries to maintain its political sway in the European continent.

4. These two kings undertook four wars. The outcome of the first (1521–1526) was the imprisonment of Francis I, his incarceration in the *Torre de los Lujanes* (Madrid) for one year and his liberation after signing a treaty of friendship which he never respected—notwithstanding the fact that he left two of his sons as hostages. It is told of this French king that when wounded and made prisoner he wrote his mother the following words which have become famous: *Todo se ha perdido menos el honor y la vida, que se ha salvado.*

5. Other children of Charles V were *Doña María,* who became empress of Germany; *Doña Juana,* mother of that fantastic adventurer, King Sebastian of Portugal; *Don Juan de Austria,* the hero of the battle of Lepanto; and *Doña Margarita,* appointed ruler of the Low Countries and mother of Alexander Farnesio—one of the most distinguished Spanish generals of that period.

6. In the secluded monastery of Yuste (province of Cáceres), Charles V spent the last two years of his life regulating clocks in an attempt to synchronize them. Failing in this undertaking it is said that he exclaimed: 'How could I have hoped to have united all my dominions when I cannot make these clocks strike the hour together.'

XIV

****

Supremacía de España. Felipe II

[1556–1598]

España, la nación más poderosa de Europa.—Aunque Felipe II no heredó la corona de Alemania, fué como su padre, el monarca más poderoso de su época. Poseía, además de los reinos de la Península, los inmensos territorios conquistados en América, las Filipinas y algunas islas de Oceanía; dominios suyos también eran Milán, Nápoles, Sicilia, los Países Bajos, el Franco Condado, el Norte de África, las Islas Canarias, y más tarde, al anexionarse Portugal, entraron a formar parte de la monarquía española sus extensas colonias en el Extremo Oriente, Asia, África y América (Brasil).[1] Fué sin duda este reinado el más brillante de la historia de España y el de más influencia en Europa.

Para mantener la supremacía en el continente tuvo España que luchar de nuevo con la única nación capaz de rivalizar con ella, Francia, la cual sufrió una derrota aplastante en *San Quintín* (10 de agosto de 1557), donde fueron hechos prisioneros muchos de los más distinguidos nobles franceses.[2] En conmemoración de tal victoria mandó construir Felipe II el monasterio de *El Escorial,* en acción de gracias a San Lorenzo, santo de aquel día. Este edificio, que es a la vez monasterio y panteón real, representa la grandeza de España y la religiosidad grave y firme de los españoles de aquel tiempo.[3]

105

Felipe II (*cuadro de Pantoja de la Cruz*)

Misión de España e ideal de Felipe II.—Como el sentimiento más común a todos los españoles de la época era el religioso, trataron los reyes en su política de defender la religión católica, organizando para ello el movimiento de la Contrarreforma o resistencia al luteranismo, movimiento que ya se había iniciado en el reinado anterior con el *Concilio de Trento* (1545–1563) y con la fundación de la Compañía de Jesús.[4] Felipe II es el verdadero intérprete y defensor de aquellos españoles que creían que España era *cadena de los infieles, columna de la fe, trompa del evangelio y primogénita de la cristiandad.* Por espacio de cuarenta y dos años, y con más empeño aún que su padre, tomó la defensa de la Iglesia contra los avances de la Reforma protestante, que no llegó a arraigar en el país, librándose así España de las guerras religiosas que asolaron a otras naciones. En 1571 se dió la batalla de Lepanto, donde don Juan de Austria, hermanastro del rey, consiguió una victoria decisiva sobre los turcos, cuyo poder quedó completamente destruido.[5] El catolicismo español era una religión de hombres temerarios y valerosos, que lo mismo se lanzaban a conquistar nuevos mundos que a luchar contra infieles y herejes.

Decidido Felipe II a imponer por la fuerza su ideal religioso era natural que chocara con Inglaterra, nación protestante que iba adquiriendo importancia.[6] Las correrías del corsario Drake,[7] la protección a los rebeldes de Flandes y la persecución de católicos en aquel país hicieron la guerra inevitable. Se organizó la *Armada Invencible,* compuesta de 130 barcos con 2.500 cañones, 20.000 soldados y 9.000 marineros; pero por ineptitud del almirante español, duque de Medina Sidonia, y a causa del fuerte temporal la armada española quedó casi totalmente destruida (1588).[8] Con este desastre se inicia la decadencia marítima de España.

106

Monasterio de El Escorial

Los Países Bajos.—La dominación española en Flandes
ha sido una de las causas del mal concepto en que han tenido a España otros países. Conviene recordar, sin embargo,
que España no conquistó Flandes por ambición, sino que lo
recibió por herencia. Si lo retuvo en un principio, fué más
bien por necesidad que por deseo imperialista. La nación
española necesitaba campo por donde extenderse, y como
las tierras descubiertas hasta entonces en América eran regiones inhospitalarias e inaccesibles, se comprende que tra-
tase de mantener aquellas provincias flamencas, notables
por su desarrollo industrial y comercial. Carlos V, siendo
flamenco de nacimiento, no encontró obstáculos en su gobierno, pero Felipe II tropezó con grandes dificultades al

proclamarse protestantes algunas de aquellas provincias. El desacuerdo entre España y Flandes se agravó cuando Inglaterra y Francia, temerosas del poder español, prestaron su ayuda a los rebeldes flamencos, quienes en virtud de esta ayuda lograron al fin su independencia. En Flandes y en defensa de la unidad religiosa gastó España su sangre más joven y los tesoros venidos de América.

El problema de los moriscos.—Tanto los Reyes Católicos como Carlos V trataron, sin éxito, de asimilar a la numerosa población morisca. Pero Felipe II, menos complaciente que sus predecesores, decretó que los moriscos dejaran, en adelante, de hablar su propia lengua y aprendieran la castellana; también les obligó a abandonar sus ceremonias, sus trajes, sus nombres árabes y sus costumbres. A consecuencia de este decreto se produjo, especialmente entre los moriscos de Granada, una seria rebelión, renegando muchos de ellos de la fe cristiana que habían aceptado y destruyendo sus iglesias. Al fin fueron vencidos (1571); algunos fueron trasladados a otras partes de España, otros emigraron a África. La expulsión definitiva de los no asimilados no se verificó hasta principios del siglo XVII.

Juicio comparativo entre Carlos V y Felipe II.—Estos dos reyes representan el máximo poder y grandeza de la nación española; pero mientras el nombre de Carlos V ha pasado a la Historia rodeado de una aureola de gloria, el de Felipe II ha sido objeto de los juicios más contradictorios y de las acusaciones más severas.[9] No fué Felipe II soldado ni hombre tan activo y de ideas tan abiertas como su padre; poseía en cambio una gran energía y una fuerte voluntad; era un trabajador incansable que desde su modesto retiro en el monasterio de El Escorial dirigía personalmente aquel vasto Imperio en el que 'no se ponía el sol.' La crítica moderna empieza a hacerle justicia, pues aunque era inflexible en materia religiosa, era asimismo sincero en sus creencias. Se creía el instrumento elegido por la Providencia para defender la fe católica y consideraba un deber de conciencia luchar contra quienes profesaban diferentes ideas religiosas.

NOTAS

1. Ferdinand and Isabella's dream of uniting the whole Iberian peninsula under the same ruler became a reality under Philip II. When the adventurous king Don Sebastian of Portugal disappeared in a military expedition to North Africa, leaving the throne vacant, the king of Spain claimed the right to succession as the most direct heir to the throne of Manuel *el Afortunado*. The Portuguese preferred another candidate, but the armies of Philip II invaded the country and soon after (1581) he was proclaimed king by the *Cortes de Tomar*.

2. The Treaty of *Cateau-Cambresis* (1559) put an end to the long intervention of France in Italian affairs (1484–1559), and the influence of Spain in Italy was uncontested from that date until 1713.

3. The imposing monastery of *El Escorial* has been considered for some time as the eighth wonder of the world. It is built in the shape of a gridiron, for it was on a gridiron that Saint Lawrence (in whose honor it was erected) suffered martyrdom. The massive building took 21 years to build. An idea of its enormous dimensions can be reached by remembering that it has 16 courtyards, 43 altars, 15 cloisters, 86 stairways and passageways, 1,200 doors, and 2,600 windows—all but 156 on the outside. It has been estimated that the length of the rooms, corridors, passageways, and galleries amounts to nearly 90 miles. Of all the various rooms the most impressive, perhaps, for their austerity and simplicity are the ones that were occupied by that most powerful of kings, Philip II, particularly his bedroom from which the main altar in the church could be seen through movable shutters.

4. The Society of Jesus, founded in 1539, spread rapidly through all Europe and exerted great influence. Its members dedicated themselves

109

to spreading the Gospel and checking the advances of Protestantism. Its founder, the Spaniard Ignatius of Loyola, was a soldier in his youth. He was wounded in battle, and, while recovering from his wounds, devoted himself to the reading of the lives of saints and to meditation. After becoming a monk, he made pilgrimages to Rome and Jerusalem, studied in Spain, Paris, and London, and in 1534, together with a group of seven friends, took the vows of chastity, poverty, and obedience.

5. Miguel de Cervantes, the author of *Don Quijote,* took part and was wounded in this famous battle. He later described it as 'the most memorable that centuries past have witnessed, or those to come will ever see.'

6. With the desire to encircle France, Charles V arranged the marriage by proxy of his eldest son to Mary Tudor. Philip went to England (1554) and while there he acted very prudently. He left shortly afterwards (never to see his wife again) to attend in Flanders the ceremony of his father's abdication and to lead another war against the French. When his wife died, her successor, Elizabeth I, proved an embittered enemy of the Spanish Empire and of her brother-in-law.

7. Drake had become the terror of the Spanish colonies in America. Not only did he burn the cities of Santo Domingo and Cartagena (in present-day Colombia), and plunder the coast of Florida, but he attacked the Spanish galleons that were setting out for the Peninsula, seizing their valuable cargoes of gold, silver, and precious stones. He ventured even into the Spanish ports of Cádiz and La Coruña, where he destroyed many ships and a great quantity of merchandise. According to his own words his purpose was, 'to singe the beard of the Spanish king.' Lope de Vega, indignant at the outrages of this English seaman, wrote the epic poem *La Dragontea,* in which he treats him as a corsair and pirate.

8. It is said that when Philip II received the news of the Armada's defeat he exclaimed calmly: 'I sent my fleet to fight against men, not against the elements.'

9. He is accused, for example, of having caused the death of his eldest son, Prince Don Carlos. The German poet Schiller contributed to the spread of this legend with his well-known drama, *Don Carlos.* It is certain that the prince came to an unhappy end, not as the victim of ill-treatment at the hands of his father, as has been believed, but through his own excesses in the prison where he was confined because of his violent temper and irascible character.

XV

****

Descubrimiento y
Conquista de América

*El acontecimiento de mayor importancia en la historia de la humani-
dad después del nacimiento de Cristo es, sin duda alguna, el descubrimiento del Nuevo Mundo por Cristóbal Colón—el mismo año en que
los Reyes Católicos conquistaron Granada.*

Cristóbal Colón.—Poco se sabe acerca de la juventud de
Colón. Ni siquiera se sabe con certeza su nacionalidad,
aunque generalmente se cree que era italiano.[1] Parece indudable que nació en Génova de padres humildes, hacia
1451, que después pasó a Portugal, donde le encontramos
como agente comercial de una casa genovesa entre los años
1478 y 1479. Pero si Colón no era español de origen lo fué
por adopción, pues en España se formó su personalidad y
en la conquista de Granada, que él presenció, pudo respirar el entusiasmo de aquella nación joven, llena de fe y
ambición—la mejor preparada para la conquista y colonización de un Nuevo Mundo.

111

Los Reyes Católicos y Colón.—A principios de 1485 entró Colón en España, procedente de Portugal, dispuesto a exponer su plan a los Reyes Católicos. Dejó a su hijo en La Rábida, y animado por los frailes franciscanos del convento de aquella localidad se presentó ante los reyes españoles. Éstos encomendaron el estudio del proyecto a una junta técnica que, después de varios años dió dictamen adverso (1490). Desilusionado Colón después de cinco años de inútil espera, vuelve a La Rábida para recoger a su hijo y acaso para pasar luego a Francia en busca de mejor suerte. Pero sus amigos y protectores le aconsejaron que volviese a entrevistarse con los reyes. Su atrevido plan de llegar a las tierras de Oriente por el camino de Occidente fué de nuevo estudiado y otra vez rechazado (1491); pero no por considerarlo imposible sino porque las condiciones que exigía eran absolutamente inaceptables, sobre todo la de que un extranjero reclamara para sí títulos y honores con carácter hereditario en su familia. Cuando Colón ya había abandonado el campamento militar en frente de los muros de Granada, llegó en su busca un emisario de los reyes y el 17 de abril de 1492 se firmaron las *Capitulaciones de Santa Fe*. Por ellas recibía el futuro descubridor el título de *Almirante, Virrey* y *Gobernador* de las tierras que se descubrieran y se le concedía el diezmo de todos los tesoros que se encontrasen. La realidad demostró más tarde que era imposible cumplir estas condiciones por estar en contradicción con los principios políticos de aquellos tiempos.

Acordada la expedición, se formó una junta—a la que también pertenecían los reyes—la cual facilitó a Colón los medios necesarios para realizarla. Los preparativos para el memorable viaje se hicieron en el puerto de Palos y, al fin, las tres carabelas (*Pinta, Niña y Santa María*) con su tripula-

Colón saliendo de Palos (*boceto de Sorolla*)

ción de 120 hombres se hicieron a la vela el tres de agosto de 1492.[2]

Descubrimiento de América.—Sesenta y nueve días después de la salida de Palos, cuando la tripulación descontenta y desalentada se resistía a seguir adelante, se divisó tierra americana. El 12 de octubre desembarcó Colón en una isla a la que dió el nombre de *San Salvador*[3] y el 28 del mismo mes llegó a las costas de Cuba, donde creyó que había pisado tierra firme. Poco después descubrió Haití, isla que bautizó con el nombre de *Hispaniola* (La Española).

El 16 de marzo de 1493 regresó Colón a España, 225 días después de haber salido de ella. En el trayecto a Barcelona, donde se encontraban entonces los reyes, las muchedumbres se aglomeraban para saludar al intrépido navegante y para ver los indios, papagayos y otras muestras de las tierras descubiertas. Los soberanos le recibieron con grandes honores y le prometieron ayuda para llevar a cabo nuevos descubrimientos.[4]

Colón debe gran parte de su gloria a la ayuda que le prestó España, pero España también debe mucho a este hombre de carácter fuerte y talento natural que le dió un Nuevo Mundo por donde se derramaron las energías de la joven nación. Murió en Valladolid, casi olvidado, el 20 de mayo de 1506.[5] Su ejemplo sin embargo fué imitado por miles de españoles ansiosos de convertir almas a la fe cristiana, acumular riquezas y conquistar nuevos territorios para sus reyes.

Otros descubrimientos. Conquistas de Méjico y el Perú.—Durante el reinado de Carlos V se realizaron en el Nuevo Mundo exploraciones y conquistas de una magnitud casi increíble. El descubrimiento del Océano Pacífico (1513) por Vasco *Núñez de Balboa*[6] excitó la imaginación de cuantos ambicionaban llegar a las Indias Orientales viajando hacia el Oeste. Uno de estos hombres fué el marino portugués Fernando de Magallanes, al servicio de España, quien descubrió el Estrecho de su nombre (1520), se internó en un mar desconocido y después de muchas calamidades llegó a las islas Filipinas, donde perdió la vida. De los 265 hombres que le acompañaron en el viaje, sólo dieciocho regresaron a España con Juan *Sebastián de Elcano* (1522), el primer navegante en dar la vuelta al mundo.[7]

Los dos conquistadores más famosos fueron *Francisco Pizarro* y *Hernán Cortés.* El primero—un aventurero que ni siquiera sabía firmar—conquistó con sólo 185 hombres el Imperio de los incas (1531–1533) y en 1535 fundó la ciudad de Lima, hoy la capital del Perú. Hernán Cortés era, por el contrario, de noble linaje y hombre de bastante cultura. Con menos de 700 soldados españoles y con la ayuda de algunos pueblos indios que se pusieron de su lado, conquistó el poderoso Imperio de los aztecas (1519–1521).[8]

Entre muchos otros descubridores y conquistadores sobresalen Juan *Ponce de León,* el descubridor de la Florida (1513); Pedro *Menéndez de Avilés,* el fundador de San Agustín (1565), ciudad considerada por algunos como la más antigua de los Estados Unidos. Alvar *Núñez Cabeza de Vaca* descubre el territorio entre el Misisipí y el Golfo de California; *Hernando de Soto* exploró los actuales estados de Georgia, Arkansas, Alabama y las Carolinas; Francisco *Vázquez de Coronado* atraviesa Nuevo Méjico y llega al estado de Kansas en busca de siete ciudades fabulosas.

En la América del Sur Pedro *Valdivia* conquista Chile, Gonzalo *Jiménez de Quesada* funda la ciudad de Santa Fe de Bogotá (1536), y Francisco de *Orellana* descubre el río Amazonas y hace por él un viaje fantástico desde el Perú hasta el Atlántico (1542).

En resumen: los españoles descubren, conquistan y colo-

115

nizan territorios que se extienden desde Kansas y California hasta Tierra de Fuego, y desde el Atlántico hasta el
Pacífico.[9]

NOTAS

1. The question of the nationality of Columbus is unimportant when
one considers the value of his discoveries. However, there are those who
maintain the thesis that he was of Jewish or Spanish origin, rather than
Italian. Those who would like to prove his Spanish nationality allege
among other things that Columbus always wrote in Spanish or in poor
Latin and never in his native tongue, Italian. They also point out the
fact that he compared the places he discovered with localities in Spain
and not in Italy.

2. The preparations for the voyage would not have been successful
without the help and encouragement of Fray Juan Pérez, of La Rábida,
and the collaboration of the brothers Pinzón, who recruited the necessary men to carry out the expedition. So poor and unknown a foreigner
as Columbus was at that time never would have gained the confidence
of his crew—no matter how adventurous they may have been.

3. In commemoration of this day, many Spanish-speaking countries
observe the *Fiesta de la Raza,* for which celebration there has been adopted
a white flag with three purple crosses in remembrance of the three cara-
vels of Columbus. Behind the cross in the center rises the sun, as symbol
of the light of civilization that Spain carried to the New World.

4. Columbus was granted also the privilege of using a coat of arms
with the following inscription:

> *Por Castilla y por León*
> *Nuevo Mundo halló Colón*

5. It has been said that Ferdinand and Isabella were ungrateful to
Columbus. The facts, however, prove that, if he was deprived of the government of the islands he discovered, it was because of his inability to
govern and because those islands were very costly to the Spanish crown.
The greatest injustice committed upon him—and Spain cannot be
blamed for it—is that his name was not given to the new continent. The
name *America* was given to the discoveries of another Italian in the serv-

116

ice of Spain, Amerigo Vespucci, who wrote about the expeditions in which he took part and asserted that the lands he visited formed a continent different from that discovered by Columbus. Soon after, the German Waldseemüller published a book in which he proposed the name *Tierras de Americo* or *America* for the New World. The name was so well received that even Spain accepted it, although until the end of the seventeenth century Spaniards used more frequently the name *las Indias*.

6. Balboa is one of the greatest explorers in history. Regarding his exploits, Washington Irving states that at that time only Spaniards were capable of such heroic deeds.

7. *Sebastián de Elcano* was rewarded by Charles V with the privilege of using a coat of arms representing the Globe and an inscription around it which read: *Primus circumdedisti me* ('The first to circumnavigate me').

8. On arriving at Veracruz from Cuba and realizing the great difficulties of his enterprise, Cortés ordered the eleven ships on which they had come to be burned so that his soldiers would not be tempted to turn back in the face of adversity. The large territories that he discovered and conquered for his king became a part of the Spanish empire and received the name of *Nueva España*.

9. In order to avoid rivalries with other countries, especially with Portugal, which had already made important discoveries in Africa and Asia, King Ferdinand appealed to Alexander VI, a pope of Spanish origin, to recognize the sovereignty of Spain over the newly discovered lands in America. The pope made a demarcation line, from pole to pole and at about one hundred leagues west of the Azores Islands. The Portuguese, however, did not accept this partition of the world, according to which all the lands discovered to the west of that line would belong to Spain and those to the east, to Portugal. After long negotiations a treaty was signed in *Tordesillas* (1494) by which the imaginary line was moved farther west (370 leagues from the Cabo Verde Islands), and thus Portugal could later claim the large territory of Brazil.

XVI

****

La Colonización Española
de América

España en América.—Todo el mundo sabe que el descubrimiento de América fué obra de España. Naves españolas eran las naves de Cristóbal Colón y españoles eran los hombres que le acompañaron en su memorable viaje. Pero de lo que no todo el mundo se da completa cuenta es de que esta empresa, llevada a cabo por una nación que acababa de lograr su unidad política y religiosa bajo el gobierno de los Reyes Católicos, fué una obra gigantesca y noble. Porque los españoles no conquistaron y colonizaron las tierras del Nuevo Mundo sólo para buscar oro y enriquecerse, sino para llevar a las regiones descubiertas la semilla del Evangelio y lo mejor de la cultura europea. España fué a América y allí dejó todo lo que poseía: su lengua, su espíritu, su sangre y sus tradiciones. Dieciocho naciones soberanas son testimonio elocuente de la obra civilizadora española en el continente americano.

Organización de los descubrimientos y conquistas.—Al principio se dió el gobierno de las tierras descubiertas a Cristóbal Colón bajo la soberanía del rey, pero como aquél careciera de dotes de gobernante, fué pronto sustituido por otros funcionarios regios encargados de cumplir las sanas leyes dictadas por los monarcas. Más tarde, cuando las exploraciones y conquistas se extendieron por todo el continente, la organización fué cambiando de acuerdo con las necesidades. Los territorios al Norte formaron el *virreinato de Nueva España* o Méjico,[1] y los del Sur se agruparon bajo

OCÉANO ATLÁNTICO

OCÉANO PACÍFICO

ESTADOS UNIDOS

VIRREINATO de NUEVA ESPAÑA

VIRREINATO de NUEVA GRANADA

VIRREINATO del BRASIL

VIRREINATO del PERÚ

VIRREINATO de LA PLATA

Lima

Valparaíso

Río de Janeiro

Montevideo
Buenos Aires

VIRREINATOS
DEL NUEVO MUNDO
a fines
del siglo XVIII

el *virreinato del Perú.* Durante el siglo XVIII se crearon otros dos virreinatos, el de *Nueva Granada* y el del *Río de la Plata.*[2] Al frente de estos extensos territorios estaban los virreyes, quienes gobernaban en nombre del rey, pero con plenos poderes. En ocasiones las *audiencias,* que eran juntas consultivas y a la vez altos tribunales de justicia, se oponían a los caprichos de los virreyes y condenaban sus abusos.

El virreinato y la audiencia, pues, eran los principales organismos administrativos en el Nuevo Mundo, dependientes a su vez del *Consejo Supremo de Indias* (1524), que residía en la Corte y constituía la más alta autoridad en los asuntos de Ultramar. El Consejo resolvía los difíciles problemas de las colonias y dictaba las leyes que formaron el Código colonial español tan superior, por su espíritu humanitario, a las legislaciones coloniales de otros países. Además existía casi desde un principio la *Casa de Contratación* de Sevilla (1503), que era algo así como una aduana por la que pasaban todas las mercancías enviadas al Nuevo Mundo. También era centro científico donde se reunían todas las noticias sobre los descubrimientos y se facilitaban informes a los navegantes que preparaban nuevas expediciones. Allí se trazaban mapas, se hacían instrumentos de navegación, y pronto se convirtió en el más importante centro de estudios geográficos del mundo.

Sevilla primero y Cádiz después monopolizaron el comercio con las colonias, prohibiéndose a los extranjeros toda clase de relaciones comerciales con los países descubiertos.[3] Para proteger a los barcos mercantes, especialmente los galeones que volvían de las Indias cargados de tesoros, se creó el *sistema de flotas,* el cual consistía en enviar expediciones periódicas, acompañadas de navíos armados que las defendiesen contra los ataques de corsarios y, en tiempo de guerra, contra ingleses y holandeses, enemigos de España.

Carácter de la colonización española.—Más importante que los descubrimientos y conquistas realizadas por un pueblo es su labor de colonización, y la de España ha sido de las más humanas que se conocen. No debe olvidarse que su objetivo principal fué la propagación del cristianismo y la supresión de los sacrificios humanos que aún practicaban algunos de los pueblos aborígenes de América. Por otra parte, como no se permitía en un principio la entrada de mujeres blancas en las colonias, las leyes tuvieron que autorizar los casamientos entre españoles e indias. Esto dió por resultado la conservación del elemento indígena y la fusión de las dos razas.

La mayoría de las conquistas y exploraciones fueron llevadas a cabo por particulares que arriesgaban en ellas su vida y su fortuna. No obstante, los territorios conquistados pertenecían a la corona y los reyes los consideraban más bien como extensión de la metrópoli que como colonias. Por eso los españoles llevaron a América las mismas instituciones y el mismo sistema de gobierno que tenían en la Península, y así se explica por qué se consideraba a los indios 'como personas libres que son y no como siervos'—según decía la reina Isabel la Católica.[4] Es decir, que ante la ley un indio era igual a un español.

En América también introdujeron los españoles la rueda —que no se conocía como medio de transporte—ganado de todas clases y nuevas especies vegetales, como el trigo, la vid, el olivo, etc. Además se construyeron por todas partes iglesias (algunas hermosísimas), escuelas, universidades, colegios para indios y mestizos y hospitales. En Lima se fundó la primera universidad del continente americano—la de San Marcos (1551)—y en esta misma ciudad se inauguró la primera prensa periódica del Nuevo Mundo. Méjico ya tenía imprenta propia desde 1536.[5]

Lo más sorprendente de la colonización española es que a pesar de las dificultades geográficas, de las enormes distancias entre las colonias y de la variedad de razas aborígenes, se desarrolló en toda la América hispánica una conciencia de homogeneidad que no existía antes. A ella contribuyeron (1) la unidad religosa que impedía la entrada a elementos extraños de judíos, moros o herejes, (2) la unidad de lengua que permitió la lectura en América de las mismas obras que se leían en la metrópoli, (3) la fidelidad del español a los principios monárquicos dondequiera que se hallara y (4) la centralización burocrática de la administración pública. Es decir, que España llevó a América todo lo que poseía, incluso su cultura europea, que al unirse a las civilizaciones aborígenes ha ido produciendo un tipo de cultura esencialmente hispano-americano.

Por muchos que hayan sido los errores de la colonización española; por grande que haya sido la explotación del indio a manos de personas poco escrupulosas, el balance siempre será favorable a España si se compara esta colonización con otras colonizaciones anteriores al siglo XIX.

NOTAS

1. This viceroyalty, established in 1534, had some outstanding viceroys, under whose government Mexico reached a population of more than eighteen million inhabitants.

2. The viceroyalty of Río de la Plata and Buenos Aires was created in 1776 and very soon attained commercial predominance in South America.

3. Because of its monopoly of commerce with *las Indias,* Seville became one of the wealthiest cities in Europe. Its arts and letters soon reflected its splendor. To this city there came not only people from other parts of Spain, but Italians, Flemish, and Frenchmen anxious to enrich themselves. Cervantes, Mateo Alemán, and other writers of the *Siglo de*

Oro furnish us with excellent descriptions of Seville of the sixteenth and seventeenth centuries.

4. The conquerors and colonizers of all countries have always been stimulated by desire for glory and riches. Spaniards were no exception; but along with the thirst for riches and glory they carried a fervent desire to spread Christianity throughout the territories they discovered. Among the colonizing nations, Spain was the only one which was concerned with instructing the natives in the Christian religion. Excellent proof of this is furnished by the missions which still stand in the western and southwestern areas of the United States.

5. The University of Mexico was founded a few months after that of San Marcos, and a century before Harvard, the oldest in the United States. Some historians maintain that the University of Mexico was the first in the hemisphere.

xvii

****

Decadencia de la Casa de Austria

Últimos reyes de la Casa de Austria. Felipe III (1598–1621).—
Carlos V y Felipe II gobernaron personalmente su reino, y
España llegó a ser, bajo su dominio, la primera nación de
Europa. Sus sucesores, en cambio, menos inteligentes y ju-
guetes de favoritos ambiciosos, precipitaron la decadencia
del Imperio español. Felipe III fué un hombre muy piadoso
pero de carácter débil e irresoluto. Se cuenta que su padre
dijo antes de morir: 'Dios, que me ha dado tantos reinos, me
ha negado un hijo capaz de regirlos. Temo que me lo gobier-
nen.' Y en efecto, así fué. Al subir al trono el nuevo rey, puso
el gobierno en manos de favoritos ineptos y poco escrupulo-
sos. Uno de ellos—el Duque de Lerma—ejerció poder absoluto por espacio de veinte años.

Durante este reinado continuaron las luchas contra Inglaterra, hasta la muerte de la reina Isabel (1603), y con los
holandeses hasta que se firmó una tregua de doce años.
También participó España en la guerra de los *Treinta Años*[1]
para ayudar al emperador de Austria, Fernando II. Pero el
acontecimiento más trascendental del reinado de Felipe III
fué la expulsión de los moriscos (1609–1614). España aprobó
esta expulsión,[2] como antes había aprobado la de los judíos,
para mantener la unidad religiosa entre los españoles. Muchos de los moriscos seguían practicando su religión y cos-

Retrato de Felipe III (*cuadro de González Serrano*)

Introducción a la Historia de España

tumbres, hablando su lengua y usando sus trajes orientales; además se les acusaba de estar en relaciones secretas con los turcos y aun con los reyes franceses, eternos enemigos de la Casa de Austria. Se calcula en más de 600.000 el número de los que salieron de España y, como es natural, los efectos de su expulsión se dejaron sentir muy pronto en la vida económica del país. Muchos pueblos quedaron casi abandonados, sin gente que trabajara las tierras.

Felipe IV (1621–1665).—El reinado de este rey se vió envuelto en guerras por todas partes: en Italia, en Alemania, en Portugal y en la misma Cataluña. Aunque las armas españolas alcanzaron victorias en los Países Bajos[3] y participaron gloriosamente en las guerras de religión en defensa de los intereses católicos, las tropas empezaron a mostrar descontento porque unas veces no se les pagaba y otras se les pagaba mal. Al fin, los famosos *tercios*[4] fueron derrotados por primera vez en *Rocroy* (1643), fecha que marca el decaimiento del prestigio militar de España. También, con la ayuda secreta de Francia Cataluña se sublevó contra el gobierno central y hasta llegó a proclamarse república independiente (1640). Pocos meses después, mientras Felipe IV se dirigía a Barcelona para apaciguar la sublevación, triunfó un movimiento separatista de los portugueses, quienes consiguieron entonces su independencia definitiva—no reconocida por España hasta 1668.

Como su padre, Felipe IV carecía de dotes de gobernante. Fué hombre de buenas intenciones pero, indolente y de escasa voluntad, abandonó los negocios de Estado y dejó que el Conde-Duque de Olivares se encargara del gobierno. El Conde-Duque no tenía una visión clara de la realidad española y fué incapaz de detener la decadencia. El rey, en cambio, muy aficionado al teatro, protegió a los hombres de

126

El Conde-Duque de Olivares (*cuadro de Velázquez*)

letras y la literatura española alcanzó su mayor florecimiento.

Con **Carlos II** *el Hechizado* (1665–1700) se extingue la antes muy poderosa dinastía austríaca. Enfermizo desde su infancia y supersticioso—un verdadero imbécil—España se convirtió en centro de intrigas internacionales. Hasta hubo naciones que pensaron en dividirse los restos del Imperio español. En su testamento nombró heredero del reino (no tenía hijos) a Felipe de Anjou, nieto del ambicioso Luis XIV, rey de los franceses.

Pero como el emperador de Austria se creyera también con derechos a la corona española, estalló una guerra, la

Decadencia de la Casa de Austria

llamada *Guerra de Sucesión,* que acabó por hundir a la nación en la mayor miseria. La victoria de Felipe con ayuda de las tropas francesas y españolas aliadas inauguró en España una nueva dinastía, la *Casa de Borbón,* cuyos descendientes dirigieron por más de dos siglos los destinos de la nación española.

Causas de la decadencia de España.—Es tan evidente el contraste entre la España de Felipe II y la de Felipe IV, entre la España heroica y mística y la picaresca, que creemos preciso analizar las causas de tan rápida decadencia. Se pueden reducir a dos: el descubrimiento y colonización del Nuevo Mundo, y las guerras en defensa del catolicismo. En estas dos empresas gastó España tantas energías que, al fin, sus fuerzas se vieron agotadas y tuvo que rendirse al espíritu nuevo representado por las nuevas nacionalidades. El descubrimiento de América excitó de tal modo la imaginación de los españoles que muchos de ellos perdieron todo interés en los asuntos europeos y abandonaron el suelo patrio. Otros, deseosos de gloria y aventura, formaron parte de los ejércitos que luchaban en Europa. Si a esto se añade el gran número de conventos[5] y la expulsión de los moriscos, se comprenderá cómo España se quedó sin hombres,[6] es decir, sin brazos que atendiesen a la industria y a la agricultura, base de toda riqueza. El desastre económico era un hecho real; muchos españoles descuidaron lo material, consideraban el comercio como cosa indigna de hidalgos y creían que el trabajo manual era incompatible con la nobleza.[7] Los españoles de aquel tiempo llegaron a ser santos y héroes, pero, también, por carecer algunas veces de sentido práctico dejaron los campos estériles, abandonaron las industrias y el comercio, antes florecientes, en manos de extranjeros que se enriquecieron con el oro llegado de América, mientras en España se

129

La rendición de Breda (*cuadro de Velázquez*)

llegó a tal empobrecimiento y miseria que el hambre llamó varias veces a las puertas del mismo Palacio Real.[8]

En conclusión: aunque España todavía conservaba mucha de su grandeza territorial, le faltaba ya capacidad directora; su influencia ya no pesaba en los destinos de Europa. Sin embargo, este período de los dos Felipes (Felipe III y Felipe IV) es el de mayor florecimiento en la literatura y arte españoles.

NOTAS

1. This was the last religious war between Protestants and Catholics (1618–1648). All Europe took part in it, and Spain, always faithful to the Catholic cause, once more aided the Emperor of Austria, Ferdinand II, against France, Sweden, Holland, and the Protestant German Princes. At the signing of the *Peace of Westphalia* (1648), however, Spain saw herself abandoned by her allies, and was forced to recognize the independence of Holland, though she retained the Catholic provinces of Flanders until 1713.

2. It must be remembered that *moriscos* were the descendants of the Moors that supposedly had accepted Christianity. In 1526 all *mudéjares* agreed to become Christians—provided they would be granted the privilege of preserving their language and customs for a period of forty years and provided that during this period they would not be subjected to the inquiries of the Inquisition. They rebelled when Philip II denied these privileges. (*See note 7, chapter IX.*)

3. One of these victories was the surrender of Breda (1625) to the Marquis of Spínola, an exploit which Velázquez immortalized in his famous painting *Rendición de Breda,* more commonly called *Las Lanzas.*

4. The Spanish army of that time, small in numbers, was formed mainly of mercenaries from every country. Many Spaniards joined it for the sake of adventure, and a great number of impoverished noblemen resorted to military life as a means of livelihood. The *tercio* became synonymous with the Spanish infantry, famous in Europe for more than 200 years. It received this name because when it was formed it was composed of 3,000 men, divided into companies of 250 or 300 soldiers.

5. The Church attained great social and political influence. Consequently, thousands of men and women joined the many religious orders,

131

Carlos II (*cuadro de Juan Carreño*)

of which the Society of Jesus (Jesuits), founded in 1539, was the most powerful. According to contemporary authors, the number of regular and secular clergy exceeded 200,000 by 1623. (*See note 2, chapter* xi.)

6. It has been estimated that in 1482 Spain had a population of ten million inhabitants and in 1610 less than seven and a half million. To understand this decrease in population it is necessary to consider several factors: (1) the expulsion of the Jews, which cost Spain 36,000 families; (2) the expulsion of the *moriscos,* even more numerous; (3) the migration to America at a rate of 15,000 every year during the sixteenth century; and (4) the limited economic capacity of the country. The life of adventure offered more incentive to the Spaniard of that time than the cultivation of the land. After all, the most productive land belonged to the crown, to the noblemen, or to the religious orders.

7. The nobility had regained much of its importance in the seventeenth century, and its numbers had increased beyond proportion (625,000). Of the four broad categories of nobility (*grandes, títulos, caballeros, escuderos*), the last class alone had, by the middle of the sixteenth century, 100,000 members, many of them without any practical means of livelihood. (*See notes 4 and 6, chapter* xi.)

8. There was no real capital of Spain until 1560. Ferdinand and Isabella changed residence quite often; Charles V, constantly traveling and often in foreign lands, did not have a permanent residence although he had a palace built in Toledo. It was Philip II who chose Madrid as capital of his empire, probably because it was located in the geographic center of the Iberian peninsula. Philip III moved the court to Valladolid for a short period (1601–1606) but returned it to Madrid, where it has remained until the present time.

XVIII

Cultura Científica y Literaria de España durante el Siglo de Oro

En la historia cultural de España se llama 'Siglo de Oro' al período que abarca el siglo XVI y la primera mitad del XVII, durante el cual se manifiestan las ideas españolas en toda su magnificencia y esplendor.

Centros de cultura.—Los centros culturales más importantes eran las universidades. Algunas de ellas, fundadas en siglos anteriores, se convierten ahora en poderosos focos de cultura. La de más tradición era la de Salamanca, de tanta reputación en aquella época como las tres más famosas en Europa: Oxford, París y Bolonia. El número de sus alumnos ascendía en 1556 a más de 7.000, la mayoría dedicados al estudio del Derecho y la Medicina. A la de Salamanca sigue en importancia la de Alcalá, donde se daba más valor a los estudios humanistas.[1] La enseñanza media se ofrecía en los llamados *Estudios de Gramática,* que eran centros fundados por particulares, por las órdenes religiosas o por los municipios. También contribuían al desarrollo y propagación de la cultura las riquísimas bibliotecas de los monasterios y las que pertenecían a miembros de la nobleza.[2]

133

La ciencia española.—En esta época España contribuyó notablemente al progreso de la ciencia universal. La Inquisición no cortó las alas al pensamiento español, si bien es verdad que se mostró intolerante en materias religiosas. Entre los grandes pensadores y filósofos sobresale *Luis Vives* (1492–1540), uno de los humanistas más distinguidos de toda Europa. Un crítico español le llama: 'El mayor pedagogo del Renacimiento, el escritor más completo y enciclopédico de aquella época portentosa.' Enseñó en varias universidades europeas y fué maestro de las princesas inglesas. Otro hombre de ideas originales fué *Miguel Servet* (1511?–1553). A él se le atribuye la invención de la circulación de la sangre, anticipándose, por consiguiente, en un siglo a los celebrados descubrimientos del inglés Harvey. Aunque vivió fuera de España la mayor parte de su vida y abandonó la Iglesia católica, combatió las ideas calvinistas, por lo que él y sus libros fueron quemados en Ginebra. En los estudios jurídicos tiene gran importancia *Francisco de Vitoria,* autor de un tratado (*De Indis et iure belli*) que contiene las bases del derecho internacional moderno (1557).[3] Por fin, en un país de tan extensos territorios coloniales es natural que se hicieran estudios geográficos, de ciencias naturales, de navegación, etc.[4]

Características de la literatura española.—Como se puede ver, España no fué sólo una nación conquistadora que impuso al mundo su voluntad por la fuerza de las armas; fué también un país que por siglo y medio dirigió el pensamiento europeo.[5] Los hombres de letras españoles crearon algunas de las obras más originales de todas las literaturas y la lengua castellana, después de imponerse en toda la Península se extendió más allá de sus fronteras y llegó a ser la lengua de la diplomacia. Carlos V, que podía expresarse en latín, alemán y francés, prefería hablar en castellano

Leyes del quaderno nueuo delas rẽ
tas delas alcaualas y franquezas. He
cho eñla vega de granada: poz el qual
el rey τ la reyna nros señozes reuocã
todas las otras leyes dlos otros qua
dernos fechos de antes.

'porque me entiendan todos'—decía. Con razón aseguraba Cervantes que 'ni varón ni mujer deja de aprender la lengua castellana.'

Con esta expansión de la lengua española iban por toda Europa las obras de los autores más renombrados, cuyos rasgos más característicos eran: el vigor, la originalidad, el realismo y la viva representación del espíritu nacional. Entre los muchos nombres famosos que han enriquecido la cultura humana con sus obras geniales, sólo podremos mencionar algunos.

Desarrollo de la novela.—En el campo de la novela y en el teatro es donde sobresalió el genio español con mayor brillo. Durante el siglo XVI era muy popular la *novela caballeresca,* cuya lectura servía de pasatiempo ordinario a cuantas personas sabían leer. También se leían mucho las *novelas pastoriles* de imitación italiana. Sin embargo, la novela más original, la más típicamente española y que más influyó en otras literaturas es la *novela picaresca.* Su desarrollo vino probablemente como reacción al sentimentalismo de novelas anteriores, pues ahora ya no se pintan caballeros y pastores enamorados sino—por primera vez en literatura—personas de las clases humildes. Es la novela de los pícaros, vagos, ladrones, y de sus aventuras en la lucha por la vida. Por lo general están escritas estas obras en forma autobiográfica y en un estilo natural lleno de gracia y humor. En otros países trataron de imitar el tipo, pero en ninguna parte han logrado crear un pícaro como el español, tan representativo de la vida hispánica de estos siglos.

La novela picaresca más conocida es la *Vida de Lazarillo de Tormes* (1554), en la que su anónimo autor satiriza—medio en broma, medio en serio—las costumbres y personajes de la época. Al *Lazarillo* siguen otras novelas picarescas muy leídas en su tiempo: *Guzmán de Alfarache* (1599), traducida a muchas lenguas extranjeras, y la *Historia de la vida del Buscón* (1626), de un realismo fuerte y crudo.

Triunfa la novela española con Miguel de Cervantes (1547-1616), autor de una de las obras geniales de todas las literaturas: *El Ingenioso Hidalgo Don Quijote de la Mancha* (1605; Segunda Parte, 1615). Cervantes es el 'Príncipe de las letras españolas' y uno de los mayores genios del mundo. Toda su obra es profundamente humana sin dejar de ser española, y su famosa novela *Don Quijote*—considerada como la primera novela realista moderna—es la joya incomparable de la literatura española, que ha tenido y sigue teniendo muchos lectores en todo el mundo civilizado.

El teatro del Siglo de Oro.—A pesar de la vocación española por la novela realista, el teatro de los siglos XVI y XVII produjo autores de gran originalidad y fuerza dramática. Es el español un teatro popular que respondía a los gustos románticos de la gente y reflejaba las costumbres y sentimientos de la época; es también la expresión más completa del alma española por cuanto abarca y contiene de todo lo imaginable: lo sagrado, lo profano, leyenda, épica, historia, comedia, tragedia, etc. El que dió forma a este teatro tan español fué el insigne Lope de Vega (1562-1635), el genio más fecundo de todas las literaturas, autor de centenares de comedias. Con razón le llamó Cervantes 'monstruo de la naturaleza.' Entre sus mejores obras dramáticas se cuentan: *Fuente Ovejuna, Peribáñez y el Comendador de Ocaña, El mejor alcalde el Rey* y *El caballero de Olmedo.* Todas sus obras son verdaderos documentos históricos de las ideas, costumbres y sentimientos del pueblo español de su tiempo. Ninguna de ellas, sin embargo, contiene el valor universal que ha hecho famoso al *Quijote.*

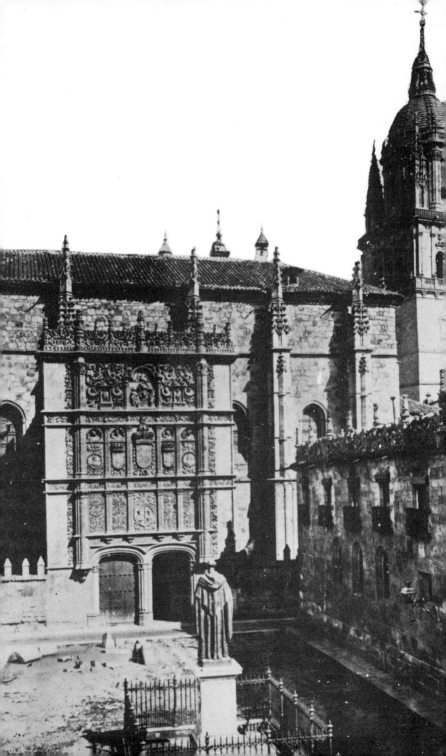

Alrededor de Lope—el genio creador—floreció toda una escuela dramática. El más cercano a él y tal vez superior en profundidad psicológica es Fray Gabriel Téllez, más conocido con el seudónimo de 'Tirso de Molina' (1576–1648). A Tirso se le atribuye una de las mejores comedias históricas, *La prudencia en la mujer;* el mejor drama teológico, *El condenado por desconfiado; El burlador de Sevilla y convidado de piedra,* donde por primera vez sale a escena el legendario tipo de don Juan Tenorio. Otros dramaturgos contemporáneos o posteriores a Lope fueron: Ruiz de Alarcón (1581–1639), nacido en Méjico y autor de *Las paredes oyen* y. *La verdad sospechosa*—obras muy admiradas por los franceses; Guillén de Castro (1569–1631), autor del drama *Las mocedades del Cid,* que sirvió de inspiración al francés Corneille para su famoso *Le Cid;* Francisco de Rojas Zorrilla (1607–1648), el dramaturgo de mayor sentido trágico; Agustín Moreto (1618–1669), autor de deliciosas comedias de costumbres; y muchos otros que es imposible mencionar.

El autor que cierra este período de grandes dramaturgos es Pedro Calderón de la Barca (1600–1681), a quien la crítica alemana colocó por algún tiempo por encima de todos los dramaturgos españoles. En realidad supera a todos por sus sentimientos elevados, fuerza trágica y concepción simbólica. *La vida es sueño* es su mejor comedia filosófica y *El alcalde de Zalamea* es su mejor drama. En esta última obra logró expresar, aunque idealizándolos, los sentimientos monárquico y del honor tan característicos de la España del siglo XVII.[6]

En el campo de la *mística* alcanzó España las más sublimes alturas con figuras como *San Juan de la Cruz* (1542–1591) y *Santa Teresa de Jesús* (1515–1582), autora ésta de obras admirables por su profunda sencillez y por su estilo claro y espontáneo.

139

Patio de la Universidad de Salamanca

En *poesía lírica* tuvo España tan altos representantes como en la novela o en el teatro. Merecen mención especial *Garcilaso de la Vega* (1503–1536), el primer gran poeta español de fama universal; *Fray Luis de León* (1527–1591), notable por su perfección de forma y grandeza de ideas; *Fernando de Herrera 'el Divino,'* cantor de las grandes acciones heroicas de los españoles; *Lope de Vega; Francisco de Quevedo* (1580–1645), el gran satírico; y *Luis de Góngora* (1561–1627), poeta de gran fantasía y creador de una manera literaria que se llamó *gongorismo* (derivado de su nombre) o *culteranismo* y que se caracteriza por el colorido, la musicalidad y la riqueza de imágenes.

Casi todos los poetas del Siglo de Oro escribieron también *romances artísticos,* a imitación de los romances viejos y anónimos de siglos anteriores.

NOTAS

1. The sixteenth century was indeed the century of universities in Spain—thirty-two in 1619. They enjoyed a great deal of autonomy—frequently the students named their *Rector* (President) and even voted in the selection of professors. The University of Salamanca made the name of this city famous and, according to its most celebrated professor, Fray Luis de León, 'was a light not only of Spain but for all Europe.' The literature of the time describes the life of university students: their penury, their pranks, their special costumes, and their rivalries.

2. Two of the most famous libraries of the sixteenth century were the *Colombina,* founded by Fernando Colón, son of the discoverer, and the one in the monastery of *El Escorial* for which Philip II acquired ancient manuscripts and other works of inestimable value.

3. From the theories of this Dominican friar, professor at the University of Salamanca, are derived the fundamental principles of the United Nations of today. For him, the world was a large family in which peaceful relations should exist, with the powerful nations bearing the responsibility of protecting the smaller ones in case of danger or aggression. He

also advocated the right of immigration, the freedom of the seas, and the free exchange of products and ideas among the peoples of the earth.

4. Among the many scientists of merit in this period, mention must be made of *Felipe Guillén,* inventor of the sea compass (1525); *Juan Valverde,* author of an important work on the composition of the human body; *Pedro Juan Núñez,* who devised the *nonius,* an ingenious instrument which bears his name; Fray *Pedro Ponce de León,* inventor of a method to teach deaf mutes, later expounded by Juan Pablo Bonet (1620) and afterwards perfected by the French priest l'Epée (1712–1789).

5. The countries particularly influenced by Spanish literary culture were England and France. The picaresque novel *Lazarillo de Tormes* was translated into English only fourteen years after its appearance in Spain, and Nash imitated it in his *Unfortunate Traveller.* Fletcher, Beaumont, and Rowley felt the influence of the *Novelas ejemplares* (1613) of Cervantes; likewise Sir Philip Sidney shows a decided influence of Montemayor's pastoral novel, *Diana* (1559?), in his *Arcadia.* In France, Spanish influence was dominant in the seventeenth century, particularly in the theater.

6. Calderón excelled also in his *autos sacramentales* or short plays in one act dealing with the Eucharist. They were acted very lavishly in the open air, on floats, and performed during the *Corpus Christi* celebrations. These performances, given in daytime, were attended by the court, the noblemen, and the lower classes. In a country where religious fervor was so intense, it is understandable that this kind of performances should become very popular. A typical example of this kind of play is *El mercado del mundo,* where human life is symbolized as a market place.

Cultura artística del Siglo de Oro

*Las bellas artes se desarrollan en la España del Siglo de Oro con
tanto o más esplendor que la literatura. La pintura sobre todo llega
a su apogeo en esta época y muchos de sus representantes han adquirido fama en todo el mundo. No obstante las influencias venidas
de Italia y de Flandes durante los siglos XV y XVI, el genio artístico español muestra pronto su vocación por la pintura realista.*

Los grandes pintores españoles. *El Greco*.[1]—En términos generales se puede afirmar que los grandes pintores venecianos
(Tiziano, Tintoretto y Veronés) fueron los maestros de los
españoles; pero mientras aquéllos son excelentes coloristas y
su arte es jovial, alegre y hasta pagano, el arte español—con
distintos motivos de inspiración—es austero, apenas tiene
desnudos ni escenas mitológicas y la nota religiosa es la predominante. Al artista español del Siglo de Oro le preocupaba más la realidad y la verdad, por terrible y desagradable
que fuera, que la pura belleza de forma.

De los tres nombres gloriosos del arte pictórico español (*El
Greco*, Velázquez, Goya), pertenecen a este período los dos
primeros. Poco se sabe de la vida de *El Greco* (1548?–1625)
excepto que nació en la isla de Creta, estudió en Italia y

143

El entierro del Conde de Orgaz (*detalle*)

vivió en Toledo desde 1576. Pero aunque nació y se educó fuera de España, fué aquí donde perfeccionó su arte, llegando a ser el pintor que ha sabido entrar más a fondo en el alma de su país adoptivo. En el ambiente de Toledo logró libertarse de sus maestros italianos y desarrollar una técnica tan personal que muchos le consideran 'el pionero' de la pintura moderna. Sus contemporáneos no supieron apreciar sus figuras desproporcionadamente alargadas, la asimetría de las caras ni la fuerza de sus colores. Por este motivo, a pesar de ser quien mejor expresó la espiritualidad interna de los personajes, al rey Felipe II y a los frailes de El Escorial no les gustaron los cuadros que le habían encargado.

Velázquez (1599–1660).—Si *El Greco* es pintor que habla más al corazón que a los sentidos, y Goya (en el siglo XVIII) se desenvuelve en un plano de la vida real que tiene mucho de grotesco y trágico, Velázquez está entre los dos, marcando un momento de serenidad y triunfo. Con él y Cervantes llegó el genio creador español a sus más altas cumbres. En el arte de Velázquez no hay simbolismos, angustias ni preocupaciones. Sus cuadros no inquietan, en ellos hay siempre armonía, calma y sobriedad, aun en las ocasiones cuando representa lo feo (borrachos y bobos) con un realismo despiadado. Como casi la mayoría de los artistas españoles de la época, se ocupó de todos los aspectos de la vida nacional: reyes, príncipes, enanos, bufones, y a todas estas figuras las pinta con sencillez. El gran mérito de su maravilloso *Cristo crucificado* (de los pocos cuadros de asunto religioso que compuso) procede precisamente de eso: de su serenidad y falta de dramatismo.

Pero la mayor novedad de su arte es que supo pintar el aire que rodea a sus figuras y hacer interiores maravillosos de luz y color—algo que hasta entonces no había logrado

144

La Infanta Margarita (*detalle del cuadro 'Las Meninas'*)

nadie. En este sentido, su cuadro *Las Meninas* es la obra más perfecta que se conoce, el más grande triunfo de la pintura realista.[2] Otra de sus obras maestras es la *Rendición de Breda,* más comunmente conocida con el nombre de *Las Lanzas.* En ella supo captar Velázquez un momento de la gloria militar de España, precisamente cuando ya la monarquía española iba en rápida decadencia.

Ribera, Zurbarán, Murillo.—Aunque inferiores a Velázquez, son estos tres pintores dignos representantes de la escuela española de pintura, cuya fama también ha trascendido más allá de las fronteras. *José Ribera* (1588–1656) vivió en Nápoles la mayor parte de su vida y en sus obras se advierten influencias italianas;[3] sin embargo es profundamente español por representar la realidad—a veces de una manera exagerada, aun en cuadros de asunto religioso o mitológico. Es decir, que todo lo que pinta Ribera nos da la sensación de que lo podemos palpar y sentir con más intensidad que si se tratara de seres vivos. *Zurbarán* (1598–1664) es el pintor por excelencia de la religiosidad española. Trabajó para las distintas órdenes religiosas y fué su constante preocupación diferenciar a los frailes de unas y otras por su indumentaria. No nos ha dejado escenas dramáticas y de martirios como Ribera; se limitó más bien a la pintura de la vida grave y reposada de los claustros, empleando pocas figuras y éstas siempre en actitudes dignas. *Murillo* (1618–1682) es el intérprete del candor, de la gracia y la belleza de la mujer y de la infancia. Para muchos el encanto de su obra reside en la armonía del colorido y, más aún, en el idealismo espiritual de sus *Inmaculadas.* Para otros sus mejores cuadros son los de tema realista, como el que se titula *Dos muchachos comiendo melón.* Otros pintores bien conocidos fueron Valdés Leal, Sánchez Coello, Pantoja de la Cruz, Alonso Cano, etc.

La Piedad (*obra en madera de G. Hernández*)

Escultura.—El realismo español es quizás más patente en la escultura—siempre religiosa—que en las otras artes. España es el único país de Europa que en esta época conserva el gusto medieval por la escultura policromada en madera. Fué el arte más popular porque en él se podía expresar mejor la devoción religiosa tal como la sentía el pueblo. Para un español de aquellos siglos una figura en mármol o en alabastro era siempre fría; pero en madera policromada la efigie divina se humanizaba con sus ropajes y se podían ver las lágrimas y la sangre de las llagas. De esta manera resultaban imágenes casi vivas, capaces de causar emoción con su hermoso realismo. Notables escultores fueron *Alonso de Berruguete* (1486–1561), discípulo de Miguel Ángel, *Gregorio Hernández* (1576–1636), *Martínez Montañés* (1568–1649), *Juan de Mena,* el pintor *Alonso Cano,* y muchos otros.

Arquitectura.—El estilo gótico, que ya había desaparecido de otros países, todavía se conservaba en España durante la primera mitad del siglo XVI. Son buenos ejemplos de este gótico tardío la catedral de Segovia y la catedral nueva de Salamanca. El *plateresco* (mezcla de elementos góticos, renacentistas y mudéjares) sigue utilizándose en el siglo XVI. Contra la excesiva ornamentación que caracteriza este estilo se levantó otro más desnudo, severo y frío. Se le llama *herreriano* por ser Juan de Herrera (1536–1597) su más digno representante. Es un estilo seco, de líneas rectas y sin ador-

nos, pero de un efecto majestuoso en ocasiones. El ejemplo más representativo es el imponente monasterio de El Escorial.[4] A la rigidez del herreriano sustituyó pronto el *barroco,* un estilo que en vez de líneas rectas buscaba líneas curvas y en vez de frialdad quería producir emoción. Cuando este arte llegó a la exageración con el abuso de curvas y exceso de adornos se le llamó en España estilo *churrigueresco,* nombre derivado del arquitecto José de Churriguera (1665–1725).[5]

Música.—La nota característica de la música española en esta época es el sentimiento y la ternura. Entre los músicos más notables sobresalen Cristóbal Morales, Francisco Salinas y Antonio Cabezón (el *Bach* español). El más conocido de todos fué Tomás Luis de Victoria (1560–1613?), continuador de la obra de Palestrina y, para algunos, el precursor de la música moderna.

Al siglo XVII también corresponde el nacimiento de un género musical muy típico español: el de la *zarzuela,* que viene a ser una especie de comedia musical de carácter popular, con recitados en prosa y verso y en que alternan la música y el canto.

NOTAS

1. Because he was born in Greece, Spaniards called him *El Greco* (the Greek) instead of Domenico Theotocópuli, his real name. There can be seen in Toledo the house where he lived and worked after coming to Spain and many of the pictures that have made him famous, notably his *Entierro del Conde de Orgaz,* in the church of Santo Tomé.

2. The king liked this picture so much that he made Velázquez 'court painter.' In this marvelous painting, called in English 'The Maids in Waiting,' he painted himself standing in front of a canvas upon which he is supposedly making a portrait of the king and queen, whose images are reflected in a mirror hanging on the wall in the background. In the fore-

149

La Plaza Mayor de Madrid

ground appear the *meninas* (the 'little ones'): the little princess Margaret, two ladies-in-waiting, and two dwarfs—so common at that time in the palaces as a source of amusement—and a dog.

3. The Italians gave Ribera the nickname of *Españoleto* (the 'little Spaniard') and he used it with pride all his life.

4. The monastery of *El Escorial* is the most representative monument of the Spain of Philip II, a Spain that lived in an atmosphere of mystical exaltation. The cornerstone was laid in 1563; and, for twenty-one years the king supervised its construction in order to see realized his dream of building a structure which would be at the same time a palace, an Augustinian monastery, a temple, and a worthy pantheon for his father. This pantheon, placed right beneath the high altar, is a dark octagonal room of about thirty feet square, where in dark marble coffins are buried most of the kings and mothers of kings that have governed Spain since Charles V. (*See note 3, chapter* xiv.)

5. Baroque architecture began to be used toward the end of the sixteenth century and reached its peak during the reign of Charles II. Splendid examples of both *barroco* or *churrigueresco* style are numerous in Spain. Among them only a few can be mentioned here: the *Sagrario* and *Transparente* in the cathedral of Toledo, the *Panteón de los Reyes* (El Escorial), the *Palacio del Marqués de Dos Aguas* (Valencia), the façades of the cathedral of Compostela, of *San Telmo* (Sevilla), and of the old *Hospicio* (Madrid); the cathedrals of Jaén, Granada, and Valladolid; the *Sacristía* in the *Cartuja* (Granada), the *Convento de San Marcos* (León), and many others.

XX

Siglo XVIII. *La Casa de Borbón*

Guerra de Sucesión.—Como ya se ha dicho, a principios del siglo XVIII empezó a gobernar en España una nueva dinastía—la *Casa de Borbón*. Los españoles esperaban con impaciencia al nuevo rey, pero apenas llegado Felipe V a su nuevo reino tuvo que sostener una larga guerra de trece años con otro pretendiente que también aspiraba al trono español.[1] Éste era el archiduque Carlos de Austria, apoyado por varias potencias europeas que habían formado la *Gran Alianza* (1701) con el propósito de evitar la unión de Francia y España bajo la misma familia. Así que, la paz que tanto necesitaba España no llegaba y el país se vió invadido por ejércitos extranjeros enemigos. El archiduque alcanzó al principio varias victorias, entró en Barcelona (1705), donde fué proclamado rey de catalanes y aragoneses, y llegó a Madrid en dos ocasiones. Sin embargo los ejércitos franceses y españoles leales al nuevo rey (la mayoría castellanos)[2] obtuvieron victorias en Almansa (1707) y Villaviciosa (1710), lo cual unido a la falta de interés del archiduque por la corona española al ser proclamado emperador de Austria (1711), fueron causa de que terminara la guerra y se firmara el *Tratado de Utrecht* (1713). En este tratado se reconocía a Felipe V como

151

legítimo rey de España, pero esta nación tuvo que hacer varias concesiones a Inglaterra y ceder a Austria muchas de sus posesiones en el continente: Luxemburgo, Flandes, Italia. La pérdida más dolorosa, sin embargo, fué la de Gibraltar—conquistada por Inglaterra en 1704 y que todavía conserva a pesar de los varios intentos de los gobiernos españoles por récobrar este rincón del territorio patrio.

Aunque de caracteres y cualidades distintas, los cuatro Borbones que gobernaron España en el siglo XVIII tuvieron en común el sincero propósito de restaurar el prestigio y dignidad de la decaída monarquía. Trataron de dar paz al cansado país, de fomentar sus abandonadas industrias y de difundir la cultura. Pero para lograr estos fines aumentaron el absolutismo de la monarquía de acuerdo con el ideal político de la época de 'todo para el pueblo, pero sin el pueblo.' Las consecuencias de este sistema centralizador de gobierno, al que se ha llamado *despotismo ilustrado,*[3] fueron que algunas regiones perdieron la autonomía que habían disfrutado durante siglos.

Felipe V (1700-1746).—Este rey llegó a España a la edad de diez y siete años y fué bien recibido por los españoles que le dieron el sobrenombre de *Animoso* por la actividad, energía y valor que demostró durante la *guerra de Sucesión.* Pero como era hombre de poca inteligencia, se dejó influir por sus dos mujeres y por algunos consejeros que le obligaron a cambiar el curso de su gobierno. España ¡tan necesitada de paz! se vió envuelta de nuevo en una política europea de guerras y fracasos. No consiguió, pues, este rey la regeneración interior del país, como habían esperado los españoles, aunque se reorganizó el ejército, se saneó la Hacienda y se crearon importantes instituciones culturales. A su muerte heredó la corona su hijo, hombre ya de treinta y cuatro años.

Plaza de Oriente y Palacio Real (*Madrid*)

Fernando VI (1746–1759).—La política de este rey consistió en evitar toda clase de guerras y atender al adelanto económico del país. Después de terminar la guerra empezada por su padre para reconquistar el reino de Nápoles—donde colocó a su hermano Carlos—decidió mantener la paz a toda costa. A él se le atribuye la frase 'paz con todos y guerra con nadie,' plan de neutralidad que mantuvo no obstante las repetidas instancias de Francia y de Austria para que se inclinase a favor de una de ellas en la *guerra de los Siete Años* (1756–1763). Durante su reinado y gracias a los esfuerzos de hábiles ministros como Carvajal y el Marqués de la Ensenada se construyeron arsenales, caminos y *pósitos* o almacenes de trigo para labradores pobres. Al fin de su vida padeció momentos de melancolía por la muerte de la reina y empezó a dar señales de locura. Le sucedió en el trono su hermano Carlos III, el más progresivo de los Borbones.

Carlos III (1759–1788).—Antes de ocupar el trono de España, había sido Carlos III rey de Nápoles, donde por veinticinco años había dado pruebas de ser hábil gobernante. Al tomar posesión de su nuevo reino puso de manifiesto sus deseos de ponerlo a la altura de otras potencias europeas que ya se habían adelantado a España en el camino del progreso.

Además tuvo este rey el acierto de rodearse de hombres capaces, sinceros e ilustrados. Entre otros sobresalen *Floridablanca,* prudente y metódico; el *Conde de Aranda,* hombre de gran inteligencia y voluntad; *Jovellanos,* el defensor de la agricultura; *Campomanes,* uno de los grandes economistas españoles. En colaboración con tales hombres trabajó el rey por el adelanto material y cultural de su pueblo. Alivió de tributos a algunas regiones pobres, dió impulso a las obras públicas con la construcción de carreteras, puentes y algunos de

154

Carlos III (*grabado*)

los monumentos más importantes de España. También se interesó por la buena administración de las colonias y autorizó en ellas el comercio libre (1778). Para estimular el trabajo dispuso que las mujeres fuesen admitidas en fábricas y talleres y que los oficios no fuesen sólo privilegio de las clases bajas. Con razón, pues, se considera a Carlos III el más grande de los reyes que la Casa de Borbón ha dado a España. Si su política internacional hubiera sido tan acertada como su política interior, la renovación de España hubiera sido completa. Pero tuvo la desgracia de firmar una alianza ofensiva y defensiva con Francia (el *Pacto de Familia,* 1761) que sólo produjo desastres.

La expulsión de los jesuitas.—Uno de los acontecimientos más notables del reinado de Carlos III fué la expulsión de los jesuítas (1767). El pueblo español no había dejado de ser menos católico que antes, pero una minoría liberal imbuida de un nuevo espíritu escéptico y racionalista, procedente de Francia, no sentía la exaltación religiosa de siglos anteriores. Por otra parte, el poderoso influjo de la Compañía de Jesús—a la que se acusaba de aspirar a una monarquía universal—juntamente con las ideas absolutistas en el gobierno y la enemistad de las otras órdenes religiosas motivaron su expulsión.[4] Lo mismo hicieron otras naciones latinas como Francia, Portugal y Nápoles.

Carlos IV (1788-1808).—Fué un rey inepto y vacilante que carecía de la energía necesaria para dirigir la monarquía española en aquellos difíciles momentos de la Revolución Francesa (1789). Como le faltaba fuerza de voluntad y vivía completamente desinteresado de la política, se dejó dominar por su esposa, mujer frívola y caprichosa que confió el gobierno del país a un joven de agradable presencia, Manuel Godoy, a quien pronto elevó a primer ministro (1792). La

156

guerra que éste declaró a Francia para salvar de la guillotina a Luis XVI tuvo resultados lamentables. Poco después, sin embargo, España se alió de nuevo con esta nación (*Tratado de San Ildefonso,* 1796) para luchar contra Inglaterra en la esperanza de recobrar Gibraltar. La suerte fué de nuevo adversa a España y en el combate de Trafalgar (1805) la escuadra hispano-francesa fué desastrosamente vencida, quedando hundido para siempre el poderío naval de la nación española.[5]

España y Napoleón. La familia real española prisionera en Francia.—Después de conquistar casi toda Europa, Napoleón intentó apoderarse de España para colocar en su trono a uno de los miembros de su familia. Para conseguir su propósito empezó a usar de la intriga en el seno de la misma familia real, y el incapaz Carlos IV, que amaba la paz y no la encontraba por ninguna parte, fué el centro de una conjuración tramada por los enemigos del favorito Godoy y por su proprio hijo, Fernando, en quien abdicó la corona (1808). Poco después Napoleón invitó al nuevo rey a que le visitara en Francia y, una vez en tierra francesa, le obligó a renunciar sus derechos al trono en favor de su padre para que éste, a su vez, cediera esos derechos a José Bonaparte, hermano del emperador.[6] El pobre Carlos IV murió en el destierro, víctima de su falta de carácter, de las intrigas de su propio hijo y de las ambiciones del emperador de los franceses. ¡Tristes días fueron estos para España!

NOTAS

1. Louis XIV of France, as well as Leopold I of Austria, asserted claims to the vacant Spanish throne because they both had married daughters of Philip IV, Maria Theresa and Margarita Theresa, respectively. The French king wanted the Spanish crown for his grandson, the Duke of An-

jou, and the Austrian Emperor, for his second son, the Archduke Charles. Militating against the Frenchman's claims was his grandmother's renunciation of the throne of Spain, but, on the other hand, he had in his favor the last will of the deceased Charles II. At the end of the war, Philip was recognized as king by the Spaniards, and with him the House of Bourbon began to reign in Spain.

2. It is of interest to note that Castile sided with Philip V in order to defend and protect the unification of Spain, attained after so much effort. Catalonians and Aragonese, on the contrary, preferred the Austrian candidate because they were fearful of losing their *fueros*, or charters, should the French system of absolutism in government be implanted in Spain.

3. The centralized despotism of the eighteenth century, also called 'enlightened despotism,' was founded on the theory that people were incapable of governing themselves, and that, as a result, the kings were morally obliged to take cognizance of their needs and to concern themselves with reforms to improve the economic and cultural conditions of the country.

4. Most of the 10,000 Jesuits expelled from Spain went to Italy. This was not the last nor the most important sacrifice of population that Spain has made in its long history. (Remember the expulsion of Jews and *moriscos*.) In the nineteenth and twentieth centuries, many more thousands of Spaniards have had to leave the country for political reasons. (*See note 5, chapter* xii; *note 4, chapter* xiv; *note 6, chapter* xvii.)

5. Among the hundreds of heroes who gave their lives for their country stand out the Spaniards Churruca, Gravina, and Alcalá Galiano, of whom the poet Quintana sings in his well known ode, 'Al combate de Trafalgar.' The famous English Admiral, Lord Nelson, also lost his life there; of him the poet exclaims: 'As an Englishman I hate you, as a hero I admire you.'

6. All these events took place with extraordinary rapidity. As the result of the uprising of Aranjuez, Carlos IV abdicated on the 19th of March, in favor of his son Ferdinand; on May 6th the latter, now in French territory, renounced the throne in favor of his father, who immediately surrendered it to Napoleon. By the 6th of June of the same year, Joseph Bonaparte was king of Spain.

XXi

****

La Cultura en el Siglo XVIII

Centros de cultura.—Durante este siglo se hicieron esfuerzos por restablecer la grandeza política de España y para despertarla de su letargo intelectual. Con frecuencia se dice que el siglo XVIII fué un siglo estéril, falto de originalidad y de pocos vuelos de imaginación; pero mejor sería decir que fué una época investigadora y crítica más bien que literaria.

Como es de suponer, la influencia francesa fué absorbente en todos los órdenes de la vida española, especialmente entre las clases elevadas y círculos literarios. Para dar impulso a la enseñanza se reformaron las viejas universidades y se crearon instituciones que contribuyeron grandemente a la renovación de la cultura, como la *Real Biblioteca* (1714)—llamada *Biblioteca Nacional* desde 1744—las Reales Academias de la *Lengua* (1714)—para velar por la pureza del idioma—de *Medicina* (1734), de la *Historia* (1738), de *San Fernando* o *Bellas Artes* (1744); *Jardín Botánico;* el *Museo de Ciencias Naturales,* etc.

En el cultivo de la ciencia experimental (medicina, botánica, geografía colonial, etc.) hubo españoles que cooperaron con otros sabios europeos en expediciones científicas y viajes de exploración a la América del Sur.

Literatura.—En literatura, y especialmente en el teatro es donde se manifiesta más potente la influencia francesa, viéndose España inundada de traducciones, de obras faltas de originalidad y de muchos arreglos e imitaciones. El pueblo, sin embargo, se resistía a toda innovación extranjera y prefería ver representaciones de obras clásicas o las de autores contemporáneos—*Ramón de la Cruz* (1731–1794), por ejemplo—que defendían la tradición literaria con cuadros de costumbres y escenas populares llenas de sal y de gracia. Entre los partidarios del gusto neoclásico francés están los poetas *Ignacio de Luzán* (1702–1754), *Meléndez Valdés* (1754–1817), el mejor poeta del siglo XVIII, *Melchor de Jovellanos* (1744–1810), también notable prosista y hombre de Estado;

entre los dramaturgos sobresale *Leandro Fernández de Moratín* (1760–1828), quien, aunque defensor de las nuevas tendencias literarias escribió comedias de sabor español, en las que ridiculizaba los vicios y convenciones sociales de la época.

En el género satírico se destaca el *Padre Isla* (1703–1781), autor de la graciosa novela *Historia del famoso predicador Fray Gerundio de Campazas,* donde se burla de los predicadores pedantes. Entre los eruditos y críticos figura *Fray Benito Feijóo* (1676–1764), quien combatió el fanatismo y la superstición en su *Teatro crítico universal.*

Música. Arquitectura. Escultura.—En música continúa el gusto por la zarzuela popular, pero en general predomina la influencia italiana con óperas que despertaban gran entusiasmo en la corte. Músicos españoles notables de esta época fueron Vicente García, autor de la serenata en la ópera *El barbero de Sevilla,* Martín Soler y el Padre Eximeno.

En arquitectura siguió empleándose por algún tiempo el *barroco* y *churrigueresco* del período anterior; pero pronto fué sustituido por el *grecorromano* o neoclásico francés, del que son buenos ejemplos los Palacios Reales de Madrid, La Granja y Aranjuez y muchos de los mejores edificios de la capital. Ventura Rodríguez y Juan de Villanueva fueron los arquitectos más notables de este siglo.

En escultura se mantuvo la tradición nacional de imágenes policromadas con *Francisco Salcillo* (1707–1781), notable escultor de Murcia. También se puede observar la influencia francesa en estatuas que decoraban fuentes públicas, parques y paseos. Pero el gusto por la escultura clásica nunca tuvo gran popularidad en España.

La pintura. Goya.—Como en siglos anteriores, vinieron en el XVIII a España, llamados por los reyes, pintores extranjeros que se inspiraban en la mitología y en la historia de la

La familia de Carlos IV (*cuadro de Goya*)

antigüedad. Los más importantes fueron los italianos Lucas Jordán y Tiépolo, el francés Van Loo, y el alemán Rafael Mengs, que alcanzó la distinción de ser nombrado pintor de cámara de Carlos III. La gran figura, sin embargo, de este siglo y uno de los más grandes pintores de España y del mundo fué *Francisco de Goya* (1746–1828). Rebelde por temperamento, fué el primero en protestar contra las normas estéticas del academismo, estableciendo las bases de la pintura impresionista que ya se había iniciado con 'El Greco.'

Aunque de origen humilde Goya llegó a ser pintor de cámara y conoció a la sociedad alta y baja de su tiempo. Su obra, sumamente extensa y variada, consiste de retratos magníficos, de cartones que servían de modelo para los tapices que se tejían en la Real Fábrica, de cuadros vibrantes de color y de cólera contra los ultrajes de las tropas de Napoleón y, por fin, de grabados y aguafuertes que le han hecho tan famoso como sus pinturas y en que da rienda suelta a su imaginación. En el Museo del Prado de Madrid sus cuadros son de los más admirados por españoles y extranjeros. Entre muchos otros llaman la atención las dos *Majas* (la vestida y la desnuda), sin precedentes en el arte español; el *Dos de Mayo* y *Fusilamientos del 3 de Mayo,* en que pinta escenas de horror y heroísmo de sus compatriotas en la lucha por su independencia; *La familia de Carlos IV,* verdadera fiesta en color aunque se trata de una sátira de la degenerada familia real; por último los *Caprichos* o primera serie de grabados y aguafuertes en que satiriza brutalmente los vicios y debilidades humanas.

El gran valor de Goya para la posteridad está en que durante su larga vida no sólo pintó toda clase de asuntos y tipos, sino que intentó diferentes técnicas y colores, tratando siempre de superarse a sí mismo. En la trayectoria de su arte lo vemos pasar de la alegría reflejada en aquellas escenas pintorescas y populares de su juventud a la amargura de sus aguafuertes y grabados. Hacia el fin de su vida, este hombre de carácter tan variado como su pintura padeció de sordera y entonces, desilusionado y triste, empezó a usar del color negro y de sombras, que si bien dan más profundidad a la expresión, privan a sus cuadros de aquella esplendidez de colores y luces que tantas generaciones han admirado.

El 2 de Mayo de 1808 (*cuadro de Goya*)

XXII

****

España en el Siglo XIX

La historia de España durante el siglo XIX está llena de levanta-
mientos, revoluciones, cambios de dinastía y de régimen. Desde la
batalla de Trafalgar *hasta la pérdida de las últimas colonias la*
vida española estuvo desquiciada, primero con la guerra de la Independencia, *después con el terror absolutista de Fernando VII y*
las varias luchas civiles o carlistas.

Guerra de la Independencia.—De acuerdo con un tratado,
los ejércitos franceses entraron en España en 1807 con el pretexto de pasar a conquistar el reino de Portugal.[1] Pero al
mismo tiempo se apoderaron de algunas plazas estratégicas
en el norte de la Península. Entonces fué cuando Napoleón,
usando de toda su intriga y diplomacia, consiguió sacar de
España a toda la familia real con el manifiesto propósito de
poner en el trono vacante a su hermano mayor, José Bonaparte. El pueblo español se quedó sin rey, sin gobierno y sin
ejército que lo defendiese. No obstante, el 2 de mayo de 1808
se dió en Madrid el grito de independencia contra los nuevos
invasores y otras ciudades siguieron el ejemplo de la capital.
La heroica defensa de Zaragoza, Gerona y otras ciudades
vino a demostrar una vez más la energía inagotable de esta
raza que, indefensa y sin organización, no sólo logró salvar
la existencia histórica de España sino que mostró el camino
a otras naciones oprimidas para que lucharan por su inde-

165

pendencia. El amor de los españoles a la libertad y a la patria, su energía física y moral, el eficaz sistema de guerrillas que emplearon, y la valiosa ayuda de las tropas inglesas de Lord Wéllington[2] fueron factores importantes que contribuyeron a la derrota de los invencibles ejércitos de Napoleón. En 1814 el rey *Intruso* se vió obligado a abandonar el territorio peninsular.[3]

Durante los seis años que duró la guerra, gobernó la parte del país no ocupada por los franceses una *Junta de Regencia* nombrada por Fernando VII, primero, y después una *Junta Central Suprema* formada de representantes de cada una de las provincias. En 1810 se constituyeron las *Cortes de Cádiz* cuyo mayor mérito fué el de promulgar la famosa *Constitución de 1812*—la primera constitución escrita en España por representantes directos del pueblo. Era un documento de espíritu liberal y avanzado, pues en él se proclamaba el principio de la soberanía del pueblo y se limitaba el poder absoluto de los reyes.

Fernando VII (1814-1833).—En vista de algunos reveses en Europa, el emperador de los franceses no tuvo otro remedio que dar la libertad a Fernando VII, legítimo heredero al trono de España. Era el rey *Deseado,* el símbolo de la patria liberada, y en todas partes fué recibido con entusiasmo. Sin embargo, no tardaron en defraudarse las esperanzas que en él había puesto el pueblo español. Apenas ocupó el trono, se negó a jurar la constitución promulgada en su ausencia, restableció la monarquía absoluta y persiguió inicuamente a los hombres que más habían sacrificado y luchado por los derechos del rey durante la ocupación francesa.

166   El descontento de los liberales culminó en el levantamiento del general Rafael de Riego, quien obligó al rey a jurar la

Constitución de Cádiz.[4] Poco tiempo después, pesaroso Fernando VII de haberse declarado rey constitucional, pidió ayuda a aquellos países europeos que veían con malos ojos el ejemplo revolucionario y liberal de España. Francia envió 100.000 soldados y el rey volvió a ejercer el poder absoluto (1823) y a perseguir tan cruelmente a sus enemigos políticos que muchos emigraron a países extranjeros.[5] Diez años más tarde murió el monarca más tirano que ha tenido España.

Isabel II (1833–1868). La guerra civil.—La muerte del rey tirano no acabó con los males que sufría la nación; tras él vino la guerra civil. Por no tener hijos varones debía sucederle en el trono—según la ley vigente—su hermano Carlos; pero Fernando cambió la ley antes de morir y dejó el reino a su hija de tres años, Isabel, bajo la regencia de su madre la reina María Cristina. Los partidarios de don Carlos (*carlistas*) se levantaron en armas contra los defensores de Isabel (*isabelinos* o *cristinos*). La guerra duró siete años, hasta que los dos generales—Espartero y Maroto—se abrazaron en el campo de batalla y en presencia de ambos ejércitos reconocieron la legitimidad de doña Isabel.[6]

El largo reinado de esta reina es uno de los más pintorescos y lastimosos que ha tenido España, lleno de intrigas y de escándalos amorosos de que era centro esta mujer vana— casada con un primo suyo que tenía la reputación de estúpido y afeminado. Fué también un reinado muy accidentado en cuestiones políticas: frecuentes cambios de gobierno, reñidas luchas entre los partidos liberal y moderado, dictaduras de generales, etc. Entre las reformas que se iniciaron se pueden mencionar: la actual división de España en provincias, la creación de un cuerpo de policía nacional llamado la Guardia civil, la fundación de escuelas primarias, la instalación del telégrafo y la construcción de las primeras

167

líneas férreas. Pero, al fin, cansados los españoles de las frivolidades de la reina, de las intrigas en palacio, de las insurrecciones militares y de los constantes cambios de gobierno se rebelaron con el grito de '¡Viva la libertad! ¡Abajo los Borbones!' Isabel II huyó a Francia, donde pasó los últimos años de su vida.

Amadeo de Saboya (1871-1873).—Triunfante la revolución (1868), se formó un Gobierno provisional que no logró calmar los ánimos. Se reunieron las Cortes Constituyentes y se aprobó una constitución sumamente liberal y democrática (1869) en que se reconocía la forma monárquica como única forma de gobierno, pero con la exclusión de los Borbones. Entre los varios pretendientes a la corona,[7] Amadeo de Saboya, segundo hijo del rey de Italia, fué el elegido. Era Amadeo un hombre joven, sincero, democrático y fiel cumplidor de sus deberes. Pero la muerte de su protector, el general Prim, el mismo día que desembarcó en España, y las dificultades puestas en su camino por la hostilidad de la nobleza y las disensiones entre los partidos monárquicos le obligaron a renunciar a la corona. Don Amadeo abandonó el trono antes que faltar al juramento de guardar la constitución.[8]

La Primera República (1873-1874).—El mismo día de la renuncia de don Amadeo (11 de febrero de 1873) las Cortes proclamaron la República en España. Los cuatro hombres que la dirigieron (Figueras, Pí y Margall, Nicolás Salmerón, Castelar) eran de formación liberal y estaban animados de las mejores intenciones; pero el país no estaba preparado para esta forma de gobierno y la República sólo duró once meses. La guerra carlista, que había estallado de nuevo, las diferencias políticas entre los mismos republicanos, los movimientos separatistas en España y en Cuba y los excesos demagógicos de las masas acabaron con su breve vida (3 de enero de 1874).

Restauración de la monarquía. Alfonso XII (1875-1885).— Algunos meses después de caer la República, el general Martínez Campos proclamó rey en Sagunto al hijo de Isabel II, Alfonso XII (diciembre de 1874). De este modo se restauraba la monarquía borbónica, a los siete años de haber sido destronada, para seguir rigiendo los destinos del país hasta 1931. Del nuevo rey, joven de dieciocho años y en parte educado en el extranjero, esperaban los españoles una posible fusión de la tradición católica con los avances políticos del resto de Europa. En efecto, trató el rey de atraerse la voluntad de su pueblo, y como era simpático y de buenos sentimientos tal vez hubiera conseguido pacificar el país; pero murió muy joven todavía (1885), a los veintinueve años, y sus buenos intentos apenas se dejaron sentir.

Regencia de María Cristina (1885-1902).—Seguían al frente del gobierno los dos partidos (*conservador* y *liberal*) que durante el reinado de Alfonso XII habían alternado de una manera vergonzosa en el poder. Preocupados sólo de defender la forma monárquica y de perpetuarse en el gobierno, estos partidos no hicieron nada por sacar al país del decaimiento moral e inercia de espíritu en que había caído después de un siglo de continuas luchas. La vida española seguía estancada, como si el mundo no progresara. Aquellos aires de libertad y democracia que había traído la Revolución de 1868 habían pasado sin dejar apenas huella. La Iglesia y el Ejército—los dos puntales de la monarquía—recobraron su poder e influencia y los grandes hacendados se enriquecieron aún más.

Independencia de las colonias americanas.—En el transcurso del siglo XIX perdió España todo su imperio colonial en América. A principios de siglo (entre 1810 y 1825) triunfó el movimiento revolucionario del continente mientras la madre patria se ocupaba en arrojar de la Península a los nuevos invasores. A este triunfo contribuyeron también los abusos cometidos por algunos virreyes, las ideas dominantes de libertad y justicia proclamadas por la Revolución francesa y, más directamente aún, el ejemplo de Norte América que ya vivía independiente de Inglaterra. Con la batalla de Ayacucho (Perú, 1824) terminó el dominio de España en el continente americano. De aquel vasto imperio colonial sólo le quedaban Cuba, Puerto Rico, la isla de Guam y las Filipinas, perdidas también como resultado de la derrota en la guerra con los Estados Unidos (1898).

La pérdida de las últimas colonias fué un duro golpe para el orgullo español. Fué también un despertar de la conciencia nacional que, como veremos, se vió reflejado en la literatura de fin de siglo.

NOTAS

1. The king of Portugal fled to his colony of Brazil without suffering the humiliation of becoming a prisoner of Napoleon. Godoy had planned to move the Spanish court to one of the colonies overseas, but a revolution in Aranjuez in March of 1808 forced Charles IV to dismiss his prime minister and finally to abdicate the crown in favor of his son.

2. In English history the participation of England in the Spanish War of Independence receives the name of 'Peninsular War.' It is said that the great English statesman, Pitt, on being informed of the revolt in the Peninsula against the French invasion, exclaimed: 'Spain will liberate Europe from the Napoleonic dominion,' a prophecy that was fulfilled when the nations conquered by Napoleon followed the example of Spain and finally freed themselves of his yoke.

3. The Spanish people never recognized the legitimacy of the 'Intruder' king, whom they dubbed *Pepe Botellas* ('Joey Bottles') because of his supposed fondness for drinking.

4. Rafael de Riego became the symbol of liberty and revolution in those years of absolutism. He was about to embark with his troops for America when he rebelled against the despotic government of Ferdinand and proclaimed the Constitution of 1812. The 'Hymn of Riego' which begins with the words *'Serenos y alegres, valientes y osados,'* and was sung for the first time when the general entered Málaga (1822) has served as an inspiration in several moments of revolutionary fervor. During the Second Spanish Republic it became the national anthem.

5. Russia, Austria, France, and Prussia formed the *Holy Alliance.* Its purpose was to maintain peace, order, and religion in Europe. The name of 'The One Hundred Thousand Sons of St. Louis' has been given to the French soldiers who, at the command of the Duke of Angoulême, entered Spain to help Ferdinand VII. At the critical moment when all resistance against the new invaders was impossible, the liberal government presented its resignation, and the king again began to exercise absolute and despotic power.

6. The *Carlist* wars were in reality civil wars between those Spaniards who defended the Catholic tradition and preferred an absolutist form of government and those who aspired to more liberal ideals. Of the *four* Carlist uprisings (1833–39, 1847–49, 1855–56, and 1872–76) the first and the last were the more important. In all of them the so-called Pretender to the throne drew his supporters mainly from the Basque provinces and from Navarre, for reasons both political and religious.

7. The revolution that deprived Isabel II of her throne broke out in September 1868, with the cry of 'Down with the Bourbons!', and was directed by Generals Serrano, Topete, and Prim. One of the several candidates for the throne vacated by Isabel II was the German prince, Leopold of Prussia. The opposition of France to the candidacy of the German prince provoked the Franco-Prussian war in 1870.

8. The French invasion of Spain and the proclamation of the principle of national sovereignty by the *Cortes de Cádiz* contributed to the destruction of the political and religious unity of the country, so that the nineteenth and twentieth centuries saw two very different Spains facing each other. These two Spains represented two opposite tendencies (traditionalism and liberalism) that have been and still are the national chronic dis-

171

ease. At the time that Don Amadeo voluntarily abandoned the throne, the following parties aspired to power: The Carlists, the *Alfonsinos* (defenders of *Alfonso,* the son of Isabel II living in France), the Radicals, and the Republicans. None of them was disposed to share responsibility or even to attempt a compromise with any of the others.

xxiii

****

Cultura en el Siglo XIX

No obstante las continuas agitaciones que caracterizan el siglo XIX, la literatura tuvo un gran desarrollo, produciéndose un verdadero renacimiento precisamente cuando la situación política estaba en peor estado.

El Romanticismo.—Durante la primera parte del siglo el romanticismo dominó el campo literario. Este movimiento empezó a tomar fuerza cuando regresaron del extranjero muchos hombres de letras que habían huido de la tiranía de Fernando VII y traían consigo nuevas doctrinas literarias y políticas.[1] El Duque de Rivas es uno de estos hombres que, al volver a España, contribuyó al triunfo del romanticismo con el estreno de su drama *Don Álvaro o la fuerza del sino* (1835). Otros notables representantes del drama romántico fueron: García Gutiérrez, Hartzenbusch y José Zorrilla, autores respectivamente de los dramas *El Trovador* (1836), *Los amantes de Teruel* (1837) y el muy famoso *Don Juan Tenorio* (1844).

El Duque de Rivas y Zorrilla también escribieron poesías líricas, leyendas románticas y romances históricos. Pero el poeta romántico más típico fué José de Espronceda (1808–1842), autor de dos extensos poemas dramáticos—*El diablo mundo* y *El estudiante de Salamanca*—y de numerosas poesías de desbordante lirismo y de gran belleza.

173

En el campo de la novela el romanticismo español produjo pocas obras de mérito. Merecen sólo mención *El doncel de Don Enrique el Doliente,* de Mariano José de Larra (1809–1837)—autor mucho más conocido por sus ensayos y artículos de costumbres—y *El Señor de Bembibre* (1844), de Enrique Gil.

El Realismo.—Después del romanticismo apareció en literatura el realismo, que ya no se recrea en describir el pasado sino las costumbres contemporáneas. El desarrollo de la novela realista se debe en gran parte al trabajo de algunos escritores durante el período romántico, verdaderos precursores del renacimiento novelesco español. Éstos son los llamados *costumbristas,* como Mesonero Romanos (1803–1882), que describió las costumbres de Madrid, Serafín Estébanez Calderón (1799–1867), quien nos ofrece interesantes cuadros de costumbres andaluzas, y Mariano José de Larra ('Fígaro')—el más romántico de los románticos españoles—a quien también se le puede considerar escritor *costumbrista* por sus valiosos ensayos sobre el carácter y costumbres de los españoles.

Con 'Fernán Caballero'[2] (1796–1877) se puede decir que propiamente empieza la novela española del siglo XIX. Sus novelas, entre las cuales sobresale *La Gaviota* (1849), describen costumbres andaluzas y marcan el comienzo de la novela regionalista que tanto se ha cultivado en España. Su ejemplo fué imitado por novelistas ilustres durante el último tercio del siglo. Entre otros muchos se destacan Juan Valera (1828–1905) por su *Pepita Jiménez* (1874), obra tenida por muchos como la mejor novela de este siglo; Pedro Antonio de Alarcón (1833–1891), autor de la preciosa novela de gracia picaresca, *El sombrero de tres picos* (1874); José María de Pereda (1833–1906), pintor insuperable de paisajes de su región (la Montaña) y autor de la mejor novela española del mar, *Sotileza* (1884); Emilia Pardo Bazán (1852–1921), propagandista del naturalismo en España en obras como *Los Pazos de Ulloa* (1886); Leopoldo Alas ('Clarín,' 1852–1901) y Armando Palacio Valdés (1853–1937), novelistas regionales de Asturias; y Vicente Blasco Ibañez (1867–1928), autor prolífico como los demás.[3]

Pero el mejor novelista del siglo XIX y uno de los más grandes genios de la literatura española fué Benito Pérez Galdós (1843–1920). No sólo escribió numerosas y voluminosas novelas realistas, como *Fortunata y Jacinta* (4 volúmenes), en las que demuestra un extraordinario poder de imaginación y observación, sino que compuso obras para el teatro y una larga serie de cuarenta y seis novelas de carácter histórico (*Episodios Nacionales*) que ofrecen un panorama completo de toda la accidentada historia española de este siglo.

En el *teatro* de esta época figuran Manuel Tamayo y Baus (1829–1898) y Adelardo López de Ayala (1828–1879), quienes marcan el momento de transición del drama romántico a la comedia de tesis en que ya se presentan conflictos y vicios sociales. José Echegaray (1832–1916) fué el primer literato español en recibir el premio Nobel. Su absoluto dominio de la escena durante el último tercio del siglo XIX se debe, quizás, a que la mayoría de sus dramas son en el fondo romántlcos, con mucha acción y con caracteres movidos de pasiones violentas.

El lírico de acentos más intensos de todo el siglo y el que más ha influido en los poetas modernos es Gustavo Adolfo Bécquer (1836–1870). Sus *Rimas* o poesías cortas inspiradas en un amor ideal lleno de tristezas y melancolías, contienen algunos de los versos más populares de la lengua española. Otros poetas de este período, muy conocidos en su tiempo pero menos leídos hoy, fueron Ramón de Campoamor

(1817–1901), quien usó de la ironía y el humorismo en sus *Doloras* y *Humoradas* para expresar ideas filosóficas de no gran trascendencia; Gaspar Núñez de Arce (1834–1903), autor de poesías de carácter patriótico; y Rosalía de Castro (1837–1885), más estudiada hoy que los dos anteriores por sus poesías—escritas en gallego y castellano—llenas de delicadas emociones y ternura femenina.

Las artes.—Después de Goya la *pintura* española se vuelve convencional, y por algún tiempo buscó inspiración en modelos extranjeros. Se destacan Vicente López—por sus buenos retratos a imitación de Goya; Eduardo Rosales, Pradilla y Moreno Carbonero—pintores de cuadros históricos; Mariano Fortuny, buen colorista, y Santiago Ruiseñor, el pintor de jardines. A fines de siglo aparecen dos pintores que adquirieron fama fuera de España: Joaquín Sorolla (1863–1923) por la riqueza de color y de luz en sus cuadros de ambiente valenciano; Ignacio Zuloaga (1870–1945) por sus magníficos retratos de gitanos, toreros, campesinos, etc. y por ser el pintor de la España tradicional.

En *música* tuvo lugar una reacción españolista contra la influencia de la ópera italiana. La iniciaron Hilarión Eslava (1807–1878), gran compositor de música religiosa, y Asenjo Barbieri, y la continuaron a fines de siglo numerosos compositores de zarzuela,[4] algunas de las cuales fueron muy conocidas de todos los españoles, como *La verbena de la Paloma* de Tomás Bretón (1850–1923) y *Doña Francisquita,* de Amadeo Vives (1871–1932). Algunas de las obras musicales españolas universalmente conocidas pertenecen a compositores nacidos en este siglo: *Rapsodia española* y *Suite Iberia* (Isaac Albéniz, 1860–1909), *Goyescas* y *Capricho español* (Enrique Granados, 1867–1916), *El amor brujo* y *Noches en los jardines de España* (Manuel de Falla, 1876–1947), *Jardines de Andalucía*

Miguel de Unamuno (*cuadro de Zuloaga*)

(Joaquín Turina, 1882–1949). Pablo Sarasate (1844–1908), célebre violinista y compositor, también es conocido en todo el mundo.

Albores de la época contemporánea.—A últimos del siglo XIX pasó España por momentos de crisis política e intelectual. Después de haber perdido los restos del antiguo Imperio colonial, los españoles se encontraron desorientados e indecisos. Los antiguos valores estaban desacreditados y era necesario analizar el alma española a fin de encontrar las raíces del mal antes de señalar remedios. Los escritores que aspiraban a transformar su país para sacarlo del atraso en que vivía han sido agrupados bajo el nombre de *Generación del 98*. La mayoría de ellos creía que el mal que sufrían sus compatriotas—la abulia, el estado de inercia—se podía curar si se refrescaba la España vieja, si se rompía la muralla espiritual que la separaba de Europa y se traían aires nuevos de fuera. Todos estos hombres eran profundamente sinceros en sus esfuerzos por despertar la conciencia nacional y descubrir los verdaderos valores espirituales y morales del pueblo español. Las obras que escribieron a fin de lograr este intento constituyen un nuevo renacimiento en todos los órdenes de la cultura nacional.

A este despertar de la conciencia nacional contribuyó grandemente un hombre singular: Francisco Giner de los Ríos (1839–1915), quien dedicó su noble vida a la educación de la juventud de acuerdo con métodos europeos modernos. A él se debe la creación de la *Institución Libre de Enseñanza* (1876), un centro de cultura independiente del Estado y basado en los principios de tolerancia y libertad de pensamiento. Gran parte de la intelectualidad española del siglo XX fué influenciada, directa o indirectamente, por las enseñanzas recibidas en esta institución.

NOTAS

1. During the period of Ferdinand VII's absolutism many men of liberal ideas had to take refuge in France and England to escape persecution. On returning to Spain some of them imported Romantic ideas that were triumphant in those countries. But, notwithstanding these foreign influences, Spanish Romanticism is original and, together with the general characteristics of flexibility, lyricism, wealth of imagination, and historical legends, it evinces the two typical traits of the race: individualism and realism.

2. 'Fernán Caballero,' the name of a village in central Spain, is the literary pseudonym adopted by Cecilia Böhl de Faber, the daughter of a German consul and an Andalusian lady. Although she was born in Switzerland and educated in Germany, she spent most of her life in southern Spain.

3. The delicacy and sentimental humorism of the novels of Palacio Valdés, among which *Marta y María* is perhaps one of the best, won readers outside of Spain, especially in English-speaking countries. The works of Blasco Ibáñez were also widely translated and some of them became known through Hollywood moving pictures (*The Four Horsemen, Blood and Sand,* etc.). The novel *La Barraca,* dealing with customs of his native Valencia, is considered his best creation. Both of these novelists wrote most of their works during the twentieth century.

4. As has been stated before, the *zarzuela* is a dramatic and musical genre, something like a musical comedy, although its music is of a more lyrical and popular character. Because of its extreme regional nature it is difficult for foreigners to appreciate.

xxiv

****

España en el Siglo xx

Alfonso XIII (1902–1931).—Alfonso XIII fué declarado mayor de edad a los dieciséis años, y por algún tiempo disfrutó de gran popularidad entre los españoles que esperaban mucho de él por su juventud y sus sentimientos democráticos. El día de sus bodas con una princesa inglesa de la casa de Battenberg causó honda emoción el atentado de que fueron objeto los jóvenes esposos al regresar a palacio. Poco a poco, sin embargo, el pueblo empezó a dar señales de descontento al ver que el rey se apoyaba cada vez más en el ejército y en el alto clero. Cuando también se dieron cuenta de que en ocasiones ejercía un poder personal sin consultar con sus gobiernos, se le hizo responsable de los desastres del ejército español en Marruecos[1] y de las violentas represiones contra los que aspiraban a una autonomía para Cataluña.

A pesar de que España permaneció neutral durante la primera guerra mundial y la economía mejoró mucho, los problemas vitales del país quedaron sin resolver. Los gobiernos se sucedían con asombrosa frecuencia a causa de las muchas huelgas, actos de sabotaje, motines y asesinatos. A esta inestabilidad contribuyeron también las *Juntas Militares de Defensa* que, con el consentimiento del rey, que no quería perder el apoyo del ejército, ponían y quitaban ministros a su antojo.

Dictadura militar (1923-1930).—Las quejas contra el rey
y la monarquía eran tan fuertes en 1923 que el general
Primo de Rivera (se dice que con la aprobación tácita del soberano) se apoderó del gobierno el trece de septiembre y su-
primió la Constitución, 'para libertar a la Patria de los pro-
fesionales de la política.' Se formó entonces un *Directorio
Militar,* presidido por este general, que gobernó el país durante siete años. En este tiempo se dió fin a la guerra de
África y se construyeron muchas obras públicas con las que
el dictador esperaba compensar a los españoles de la pérdida
de sus libertades. Al fin, la hostilidad de los partidos políticos, la oposición de la mayor parte de los intelectuales, las
huelgas de estudiantes y las sublevaciones de algunos militares causaron la caída de Primo de Rivera (28 de enero de
1930), quién murió en Francia pocos meses después.

A este general sucedieron en el gobierno otros militares
más dispuestos a restablecer el orden constitucional. Pero la
monarquía estaba desprestigiada y nada podría salvarla. Algunos políticos monárquicos se declararon abiertamente en
contra del régimen y los partidos de izquierda se negaron a
colaborar en gobiernos que tuvieran que prestar juramento
al rey. Para apaciguar los ánimos, el almirante Aznar permitió la celebración de elecciones municipales—las primeras
en ocho años—y el resultado dió mayoría en las grandes po-
blaciones a republicanos y socialistas. Las elecciones tuvieron
lugar el 12 de abril de 1931, y dos días después el Comité
Nacional Revolucionario proclamó la República. Aquel
mismo día (14 de abril) salía para el destierro el último de
los Borbones españoles.[2]

La República (1931-1939).—La segunda República española fué proclamada en medio de gran entusiasmo y sin
derramarse una gota de sangre. Durante su corta vida de

ocho años deben distinguirse tres períodos. El primero (1931-1933) se caracteriza por el optimismo y por el ferviente deseo de los nuevos gobernantes de encontrar solución a los principales problemas. El Gobierno provisional que presidía Niceto Alcalá Zamora convocó Cortes Constituyentes para que aprobaran una nueva Constitución. Ésta fué proclamada el 9 de diciembre de 1931 y al día siguiente Alcalá Zamora, ahora Presidente de la República, nombró un gobierno integrado de republicanos y socialistas.

En la Constitución aprobada se insertaban algunos artículos que pronto habían de producir hondo descontento en algunos sectores de la opinión pública. En el artículo 26, por ejemplo, se establecía la separación de la Iglesia y del Estado, se suprimía el mantenimiento del clero 'en un plazo máximo de dos años,' se nacionalizaban los bienes de los jesuítas y se prohibía a todas las órdenes religiosas 'ejercer la industria, el comercio o la enseñanza.' En otros artículos se permitía la autonomía administrativa a las regiones que la solicitaran, se abolían los títulos nobiliarios y se concedía libertad de cultos a todas las religiones.

También intentó la República dar solución al problema militar de reducir el exceso de oficiales (un oficial por cada diez soldados). Para lograrlo se dió un decreto en que se concedía a cada oficial el derecho de retirarse del servicio militar sin pérdida de sueldo. Más de la mitad pidieron el retiro y se aprovecharon de condiciones tan ventajosas; el resto *juró fidelidad* al nuevo régimen. Otra ley importante, que no llegó a cumplirse, aspiraba a solucionar otro problema grave: el de repartir grandes extensiones de tierras incultas (latifundios) entre los campesinos pobres.

Como es de suponer, todas estas leyes y medidas encontraron oposición violenta. Muchas fueron suspendidas cuando en noviembre de 1933 los partidos de derecha ganaron las elecciones y entraron a formar parte del gobierno ministros de marcado carácter antirrepublicano. Los movimientos de protesta contra 'los usurpadores de la República' durante este período, llamado 'bienio negro,' fueron sometidos con increíble violencia. Se llegó al extremo de traer de África a soldados moros para que apaciguaran la sublevación de los mineros de Asturias. Como todavía continuara el descontento a fines de 1935, el Presidente disolvió las Cortes y convocó otras para el 16 de febrero de 1936. Los partidos de izquierda se prepararon para la lucha, y tanto republicanos de izquierda como socialistas, anarquistas y comunistas presentaron un frente único (*Frente Popular*), dispuestos a dar la batalla a los partidos de derecha (carlistas, católicos, monárquicos y falangistas[3]). El resultado fué favorable a las izquierdas, que obtuvieron una mayoría de 106 diputados (incluso 14 comunistas), y el Presidente entregó el poder a Manuel Azaña, poco después elevado a la Presidencia de la República.

Rebelión militar. Caída de la República.—Las elecciones de 1935 vinieron a demostrar que España seguía tan dividida como siempre, pues muy pronto se observó que las derechas se preparaban a defenderse de los intentos revolucionarios de las masas, envalentonadas ahora con el triunfo electoral. Las pasiones estaban tan excitadas que en las calles de Madrid miembros de uno y otro bando se asesinaban impunemente. En este ambiente, los militares se declararon en rebeldía (18 de julio de 1936), iniciando con este acto la más cruenta guerra civil que ha tenido España. La rebelión empezó en Marruecos y de allí se extendió a la Península. Los pocos oficiales que permanecieron leales a la República tuvieron que organizar a toda prisa a las masas, que en las grandes capitales como Madrid y Barcelona ya habían asaltado los cuarteles.

Se discute si los *nacionalistas,* es decir, el ejército en alianza con carlistas, falangistas y moros traídos de África hubieran ganado la guerra sin la ayuda recibida de fuera. El hecho es que a los pocos días de empezada la guerra los países totalitarios de Europa (Alemania e Italia) enviaron material de guerra y fuerzas militares al general Franco, jefe del movimiento revolucionario. Por su parte, la República recibió alguna ayuda de Méjico, de la Rusia Soviética y de miles de voluntarios de todos los matices políticos venidos de distintos países. Pero como las naciones democráticas de Europa y los Estados Unidos habían decidido no intervenir en los asuntos españoles, las fuerzas republicanas, incapaces de obtener armas en cantidad suficiente, tuvieron que rendirse. El gobierno tuvo que abandonar muy pronto la capital (ciudad que se defendió, aunque casi completamente cercada, hasta el último momento). Se trasladó primero a Valencia, después a Barcelona y por último cruzó la frontera francesa con los restos del ejército republicano. El 29 de marzo (1939) se rendía al fin Madrid y acaba aquella terrible guerra en que habían perdido la vida más de un millón de españoles. Ese mismo día termina la corta vida de la Segunda República y se establece un régimen Nacional-Sindicalista que dirige personalmente el general Francisco Franco.

Estamos todavía muy cerca de los sucesos para juzgar con imparcialidad los actos de la República española. Mientras unos creen que fué demasiado lejos en sus intentos de reforma, otros la acusan de haber sido demasiado moderada y tímida. La creación de miles de escuelas primarias y la reforma de los estudios universitarios constituyen su obra más duradera y de mayor mérito.

NOTAS

1. Due to rivalries among the officers and to lack of discipline in the ranks, the Spanish army suffered in 1921 one of its most disastrous defeats. Under command of their chieftain *Abd-El-Krim,* the Riffs of Spanish Morocco rebelled against Spain on the 21st of June and in a few hours they caused thousands of deaths, took many prisoners, and captured large quantities of war supplies. The Morocco problem, which has been part of Spain's foreign policy since the time of the Catholic Sovereigns, became an international problem at the beginning of the twentieth century. In 1907 the port of Tangier, enclosed in the Spanish Protectorate, was internationalized, and in 1912 France and Spain signed a treaty dividing their zones of influence. Spain was left with the Riff, a mountainous coastal region which has cost her much energy and blood to pacify.

2. Alfonso XIII died in Rome on February 28, 1941. He never abdicated the throne and his successors still claim the right to the Spanish crown. One of his grandsons, young Juan Carlos, born in 1938, is the closest aspirant to the Spanish throne. At present he is in Spain, supposedly being trained to succeed General Franco.

3. The *Falange* party, created in October 1933, was directed until his death during the Civil War by José Antonio Primo de Rivera, son of the Dictator Miguel Primo de Rivera.

Cultura en el Siglo xx

La generación del 98.—Ya queda dicho que a fines del siglo XIX España sufría una crisis nacional agravada con la pérdida de las últimas colonias. Este ambiente de inquietud nacional y de insatisfacción colectiva influyó en un grupo de hombres—*la Generación del 98*—que se dedicaron a revisar los valores aceptados por generaciones anteriores. Conscientes de la gravedad de la crisis, estos escritores empezaron por preguntarse ¿qué es España? Algunos censuraban a su propia patria, para sacudirla y renovar la perdida vitalidad. Otros trataban de encontrar aquello que es eterno en el alma de su país. En general, su actitud fué más bien crítica que constructiva, notándose en casi todos una contradicción entre lo que sentían y lo que predicaban. Les preocupaba el porvenir de España, se analizaban y censuraban a sí mismos pero en el fondo manifiestan una carencia absoluta de fe firme en nada.

Los hombres del 98 cultivaron todos los géneros literarios, incluso el ensayo. Los más típicos representantes de esta generación fueron Unamuno, 'Azorín', Valle Inclán, Baroja y Benavente. *Miguel de Unamuno* (1864–1936) es uno de los hombres más extraordinarios que ha producido España: profesor de griego y rector de la Universidad de Salamanca, novelista, dramaturgo, ensayista, poeta y filósofo. Sus novelas (él las llamó *nivolas*) son más bien esqueletos de novelas,

187

Plaza del Dos de Mayo (*Madrid*)

sin ambiente y casi sin acción; sus caracteres son por lo general símbolos de ideas abstractas que interesan al autor. Pero a pesar de estos defectos son obras intensas y sumamente originales. Quizás sean las mejores *Niebla* y la novela corta *San Manuel Bueno, Mártir.* El ensayo es, sin embargo, el género preferido por Unamuno, pues en él puede utilizar su gran cultura y profunda inteligencia a fin de analizar el alma de sus compatriotas y del hombre en general. Es natural que en su afán de profundizar en las esencias de la vida española caiga con frecuencia en contradicciones, como por ejemplo cuando unas veces afirma que la salvación de España está en su europeización y otras mantiene y defiende las 'virtudes' ancestrales de la raza hispánica.

Las obras más discutidas de Unamuno son aquéllas en que manifiesta sus preocupaciones religiosas: la angustia que nace de la duda (la razón), por un lado, y la necesidad de creer (la fe), por otro. Este es el problema central de su pensamiento: tener que creer en la inmortalidad del alma por serle absolutamente necesario y no porque se lo aconseje la lógica de su razonamiento. (*El sentimiento trágico de la vida* (1912) es su obra más profunda.) En resumen, Unamuno es el maestro de la generación del 98, superior a todos en cultura, quien al tratar de interpretar la historia de su país, alaba unas veces las buenas cualidades de la raza y otras critica amargamente sus defectos.

José Martínez Ruiz (*'Azorín,'* 1873–   ) es uno de los mejores intérpretes del alma española. En sus novelas y ensayos demuestra una sensibilidad especial para todo lo pequeño: pueblos olvidados y remotos, donde vive gente insignificante una vida monótona y sin ilusiones. En prosa muy sencilla y directa ha sabido describir admirablemente la Naturaleza, sobre todo el paisaje de Castilla.

188

Pío Baroja (1872–   ) es esencialmente novelista, pero un novelista que en un estilo duro y a veces descuidado nos ofrece una visión pesimista de la vida. En sus numerosas novelas critica las costumbres de su tiempo—no las de generaciones pasadas—y sus personajes parecen buscar en la acción y la violencia la solución a sus inquietudes espirituales. Es sin duda Baroja un escritor agresivo y de ideas atrevidas: todo lo critica y condena; sólo los oprimidos encuentran simpatía en su pluma.

Ramón del Valle Inclán (1866–1936) es el gran maestro de la expresión entre los hombres de su generación, el artista de la palabra. Tanto en sus obras líricas (cuatro *Sonatas*) como en las que hace uso de la sátira y caricatura (los *Esperpentos*) su

prosa es siempre refinada, poética y de ritmo musical. En una de sus novelas (*Ruedo Ibérico*) pinta la España de Isabel II; en otras tres (*Los cruzados de la causa,* etc.) nos describe el ambiente de la guerra carlista.

También se produjo un renacimiento en *poesía.* Contemporáneo de la generación del 98, un grupo de poetas llamados 'modernistas' quiso libertarse de las antiguas formas y conseguir una nueva manera de expresión. El inspirador de todos ellos fué el poeta nicaragüense Rubén Darío, el gran maestro de la poesía colorista y musical. Entre los españoles que se dejaron influir por el poeta hispano-americano, especialmente en sus primeros años, figuran el mencionado Valle Inclán, *Antonio Machado* (1875–1939)—el cantor por excelencia de Castilla y su gente—y *Juan Ramón Jiménez* (1881–   ), el poeta refinado y puro, una de las mayores glorias de la poesía española, un hombre completamente dedicado a su arte que ha ejercido influencia grande en generaciones posteriores.

En el *teatro* fué Jacinto Benavente (1866–1954) quien logró infundirle nueva vida y libertarle del tono melodramático que le habían dado Echegaray y sus discípulos. Sus obras, bellamente escritas y apenas sin pasiones, constituyen una verdadera renovación del arte dramático español. Las más conocidas son *Los intereses creados,* que le valió el premio Nobel en 1922, *La malquerida* y *La noche del sábado.* Benavente fué el verdadero padre del teatro español durante el primer tercio del siglo XX.

Por último, a la generación del 98 pertenecen también dos hombres de renombre mundial: *Santiago Ramón y Cajal* (1850–1934), biólogo notable cuyos descubrimientos sobre el sistema nervioso fueron recompensados con el premio Nobel (1906), y *Ramón Menéndez Pidal* (1869–   ), gran medievalista y maestro de numerosos investigadores en el campo de la filología románica.

Nuevas generaciones literarias.—Algo más jóvenes que los hombres del 98 fueron los escritores que en la segunda decena del siglo XX empezaron a mostrar preocupaciones distintas a las de aquéllos. No son tan críticos de los valores nacionales del pasado ni tan individualistas. Contemplan la escena española con más serenidad, sin apasionamiento, y la estudian con ojos más serenos. En este período ejerce absoluta influencia *José Ortega y Gasset* (1883–1955), ensayista, pensador y filósofo de fama universal, cuyas ideas se han dejado sentir en muchos escritores españoles e hispano-americanos. Además de preocuparle España, a Ortega le preocupa también la historia de las ideas contemporáneas. En *La rebelión de las masas*—su obra más conocida—mantiene que la sociedad moderna está en crisis por carecer de una minoría selecta capaz de dirigir la manera de pensar de las masas.

Entre 1926 y 1936 se dió a conocer otra generación de escritores, en su mayoría poetas de valor reconocido. Los principales fueron Jorge Guillén (1893–   ), Pedro Salinas (1892–1951) y Federico García Lorca (1898–1936)—muerto en circunstancias trágicas al empezar la guerra civil. Los dos primeros son considerados poetas 'cultos,' 'universitarios'; García Lorca sigue más de cerca la tradición y su nombre ha llegado a ser universalmente conocido.

En la *novela* hubo pocos valores. Sólo Ramón Sender (1901–   ) logró cierto renombre con obras de fuerte realidad y de profundo significado social.

Sólamente dos autores traen al *teatro* elementos de renovación: García Lorca y Alejandro Casona (1903–   ). El primero ha hecho durante su corta vida valiosos experimentos teatrales, sobresaliendo en el género de la tragedia con obras como *Bodas de sangre, La casa de Bernarda Alba* y otras; el segundo, Casona, más conocedor de los recursos teatrales, ha logrado componer bellas comedias en que se juntan la fantasía y la realidad. *La dama del alba* y *Los árboles mueren de pie* se consideran sus mejores.

Literatura de la postguerra.—Con motivo de la guerra civil española muchos intelectuales abandonaron España. Los más viejos, los pertenecientes a la generación del 98 regresaron a poco de terminada la guerra. Sólo Antonio Machado, ya muerto, y Juan Ramón Jiménez prefirieron el destierro. Los hombres de la generación siguiente también han vuelto casi todos a su país. En cambio, la mayoría de los escritores

Viaducto sobre la calle de Segovia (*Madrid*)

todavía jóvenes en 1936 (Guillén, Casona, Sender, etc.) siguen alejados de su patria. Los que permanecieron en España—voluntariamente o por necesidad—se han tenido que ajustar a un ambiente poco favorable a la libre expresión de ideas creadoras.

Contemporáneamente, el panorama de la literatura española no es muy prometedor. Entre los escritores que se han dado a conocer desde 1940 merecen mención: el poeta Car-

193

La Sagrada Familia (*Barcelona*)

los Bousoño; el poeta, filólogo y erudito Dámaso Alonso; los novelistas Camilo José Cela, Carmen Laforet, Juan Sebastián Arbó, Juan Antonio Zunzunegui, Ignacio Agustí, etc. El teatro continúa en crisis y sólo Antonio Buero Vallejo ha mostrado valor positivo en obras como *Historia de una escalera* y *En la ardiente oscuridad*. Hasta ahora ninguno de estos autores ha producido obras que puedan llamarse definitivas.

Las artes en el siglo XX.—Muchos de los hombres que se dieron a conocer a últimos del siglo XIX siguieron trabajando en el siglo XX. A los ya mencionados en el capítulo XXIII debemos añadir los nombres del famoso violoncelista Pablo Casals, del pianista José Iturbi, del escultor Victorio Macho, y el del gran revolucionario de la pintura, *Pablo Picasso* (1881–   )—nacido en Málaga, aunque residente en Francia desde la edad de veintidós años. Por último, merecen mención especial el pintor *Salvador Dalí* (1904–   ), por el renombre que ha adquirido en el mundo con sus cuadros extravagantes de técnica surrealista, y el arquitecto catalán *Antonio Gaudí* (1852–1926), creador de un estilo originalísimo del que es excelente ejemplo el templo de la Sagrada Familia en Barcelona.

Epílogo

El régimen actual.—La historia calificará sin duda de Dictadura el gobierno personal que desde 1939 ejerce el general Francisco Franco. Desde que se implantó este régimen los españoles han vivido en paz y se han logrado algunos adelantos materiales, sobre todo en repoblación forestal, construcción de embalses, mejora de los medios de transporte, etc. Sí, España es hoy uno de los países más estables de Europa: sin huelgas, sin levantamientos militares y sin revoluciones. Pero también es un país que carece de las libertades fundamentales que se gozan en naciones de tradición democrática. Puesto que no hay libertad de prensa y no existe el sufragio universal ni se permite la organización de partidos políticos, se puede decir que esa paz es una paz impuesta y no la paz espiritual basada en el respeto a la conciencia humana.

El futuro de España.—Como es natural, dadas las condiciones en que viven los españoles hoy es difícil predecir su futuro. Desde luego es evidente que el país no quiere vivir de nuevo la tragedia de una guerra civil; pero, por otra parte, una raza que ha demostrado tanta virilidad y tal independencia de carácter merece un régimen que garantice el disfrute de más libertades. El gobierno actual ha declarado que 'España es una monarquía,' y hasta se ha nombrado un Consejo de Regencia; sin embargo nadie sabe todavía quién ha de regir los destinos de este pueblo. Los herederos de Alfonso XIII no han renunciado a sus derechos y aspiran a recobrar el trono. Tal vez el retorno de la monarquía constituya una fórmula de convivencia; pero no hay que olvidar que la tradición monárquica no es tan fuerte como en siglos anteriores. La juventud española de hoy ha sido educada en un ambiente distinto y sólo sabe de reyes lo que ha leído en libros de historia.

Una cosa es cierta, que España sólo volverá a ser lo que fué cuando haya en ella hombres serenos y limpios de odios, cuando desaparezca el morbo de disociación interna y se despierte en la conciencia de los españoles el concepto de unidad de Patria común, cuando progrese el sentido de tolerancia y comprensión para todos. Un pueblo que descubrió y colonizó un nuevo mundo, que salvó a la cristiandad en distintas ocasiones del peligro musulmán, que ha producido tantas obras geniales de la literatura universal y que ha contribuido de manera tan notable al desarrollo de la cultura humana, no puede dejar de hacer sentir su influencia en el mundo de las ideas.

Preguntas

1. ¿Cómo se llamaba España antiguamente? 2. ¿Por qué ocupa España una situación privilegiada? 3. ¿Entre qué dos mares está situada? 4. ¿Con qué países limita? 5. ¿Cuál es el pico más alto de la Península? 6. ¿Qué parte de España constituye una meseta? 7. ¿Cuáles son los ríos principales? 8. ¿Cuáles son las regiones más fértiles? 9. ¿Cómo es el clima de España? 10. ¿Qué minerales importantes tiene España? 11. ¿En cuál de ellos es la nación más rica del mundo? 12. ¿En cuántas provincias está dividida? 13. ¿Qué fueron antiguamente algunas de las regiones? 14. ¿Cuáles son las principales regiones de España? 15. ¿A cuánto asciende la población de España? 16. ¿Cuáles son las ciudades más importantes? 17. ¿Cuántos habitantes tiene Madrid? 18. ¿Dónde tiene España algunas colonias? 19. ¿Dónde ejerce España un Protectorado? 20. ¿Cuáles son las ciudades más importantes de este Protectorado?

II

1. ¿Qué nombre se ha dado a la cueva de Altamira? 2. ¿Qué se ve en las rocas de esta cueva? 3. ¿Qué pueblos invadieron la Península? 4. ¿Quiénes fueron los iberos? 5. ¿Qué pueblos vinieron sólo a comerciar? 6. ¿Quiénes son los celtíberos? 7. ¿Dónde establecieron factorías los fenicios? 8. ¿Dónde se establecieron los griegos? 9. ¿En qué comerciaron ellos principalmente? 10. ¿Qué es la *Dama de Elche?* 11. ¿Quiénes fueron los tartesios? 12. ¿Por qué vinieron los cartagineses a España?

197

13. ¿Quién fué el general más famoso de los cartagineses?
14. ¿Qué arriesgada empresa llevó a cabo?   15. ¿Cuál era el ideal de su vida?   16. ¿Hasta qué país llegó él en sus conquistas?
17. ¿Qué sucedió mientras Aníbal estaba en Italia? 18. ¿Quiénes fueron los celtas?   19. ¿En qué epoca llegaron todos estos pueblos a la Península?   20. ¿Cuál de ellos ejerció más influencia cultural sobre los naturales?

III

1. ¿Cuándo desembarcaron los romanos en España?
2. ¿Cuándo acabó el dominio de los cartagineses? 3. ¿Por qué fué más difícil la conquista del país a los romanos?   4. ¿Quiénes se opusieron a su conquista?   5. ¿Qué ciudad se defendió heroicamente?   6. ¿Quién fué Viriato?   7. ¿Cuáles eran algunas de las cualidades de la raza ibérica?   8. ¿Cuánto tardaron los romanos en conquistar España?   9. ¿Quiénes son los cántabros y astures?
10. ¿Con qué objeto vino a España el emperador Augusto?
11. ¿Qué lengua trajeron los romanos a España? 12. ¿Qué obras públicas construyeron?   13. ¿Cuál es uno de los acueductos mejor conservados?   14. ¿Por qué eran famosos los caballos de la Península?   15. ¿Qué emperador famoso era de origen español?
16. ¿Qué españoles alcanzaron fama en la literatura latina?
17. ¿Cómo murió Lucio Anneo Séneca?   18. ¿Qué rasgos se distinguen en los escritores romanos de origen hispánico?
19. ¿Cuándo quedó España completamente en poder de los romanos? 20. ¿Qué tres elementos importantes heredó España de la civilización romana?

IV

1. ¿En qué año se apoderaron los visigodos de Roma? 2. ¿En qué año entraron ellos en la Península?   3. ¿Qué otros pueblos bárbaros habían entrado en España antes que los visigodos?
4. ¿A qué tronco racial pertenecían los visigodos?   5. ¿Por

198

Preguntas

qué eran ellos más civilizados que otros pueblos germánicos?
6. ¿Quién fué el primer rey de los visigodos? 7. ¿Por qué fué
Leovigildo el verdadero fundador de la monarquía visigótica?
8. ¿Dónde estableció la capital de su reino? 9. ¿A qué secta pertenecían los visigodos? 10. ¿Qué religión tenía la población hispano-romana? 11. ¿Qué rey visigodo se convirtió al catolicimo?
12. ¿Cuál era la lengua oficial del reino visigótico? 13. ¿Cuáles
eran los únicos centros de cultura en aquella época? 16. ¿Quién
fué el hombre de letras más famoso de la España visigótica?
17. ¿Quién fué Wamba? 18. ¿Por qué fué perseguida la raza judía? 19. ¿Qué nos explican las leyendas sobre don Rodrigo?
20. ¿Qué causas explican la rápida caída de la monarquía visigótica?

V

1. ¿En qué año entraron los árabes en la Península ibérica?
2. ¿En qué batalla derrotaron ellos al rey don Rodrigo?
3. ¿Quiénes ayudaron a los árabes en la conquista de España?
4. ¿En cuánto tiempo conquistaron casi todo el país? 5. ¿Hasta
dónde llegaron los árabes en sus conquistas? 6. ¿Cuándo se proclamó independiente el *emirato* de Córdoba? 7. ¿Quién fué el
primer califa de Occidente? 8. ¿Cuál era la capital del 'Califato de Occidente'? 9. ¿Por qué era famosa Córdoba en aquellos siglos? 10. ¿Hasta dónde llegó Almanzor en sus conquistas?
11. ¿Qué son los reinos de *Taifas?* 12. ¿De dónde eran la mayor
parte de los invasores musulmanes? 13. ¿Qué cultivos introdujeron los árabes en España? 14. ¿Qué industrias desarrollaron
allí? 15. ¿Cuáles son los siglos de verdadero esplendor de la España musulmana? 16. ¿Qué ciencias cultivaron los hispano-
musulmanes? 17. ¿Cuál es el mérito de sus filósofos? 18. ¿Quién
fué un médico y filósofo hispano-judío de fama universal? 19. ¿Dónde se sintió la influencia cultural del califato de
Córdoba? 20. ¿Por qué era Córdoba la ciudad más próspera de
Europa?

VI

1. ¿Dónde se refugiaron algunos grupos de hispano-visigodos? 2. ¿En qué año fueron derrotados los musulmanes por primera vez? 3. ¿Quién fué el héroe de aquella batalla? 4. ¿Cuál fué el primer reino cristiano? 5. ¿Dónde hubo otros grupos de resistencia contra el invasor? 6. ¿De dónde se deriva el nombre de Castilla? 7. ¿Qué fué Castilla en un principio? 8. ¿Con quién obtuvo su independencia? 9. ¿Desde cuándo fué Castilla un reino? 10. ¿Qué hizo Fernando I antes de morir? 11. ¿Cuál fué la primera gran victoria de los cristianos? 12. ¿Cuáles fueron las Órdenes militares más importantes? 13. ¿Con qué objeto se fundó la Orden de Santiago? 14. ¿Qué Órdenes militares no eran de origen español? 15. ¿Qué Órdenes religiosas llegaron del extranjero? 16. ¿Cómo se formó el reino de Portugal? 17. ¿Qué lenguas se hablaban entonces en la Península? 18. ¿Qué obra importante se escribió en romance castellano? 19. ¿Cuáles eran entonces las principales corrientes de cultura? 20. ¿Qué caracteriza al estílo románico?

VII

1. ¿Dónde se cree que nació el Cid? 2. ¿Qué misión le encargó el rey Fernando I antes de morir? 3. ¿Por qué hizo Sancho la guerra a sus hermanos? 4. ¿Dónde y en qué circunstancias murió este rey? 5. ¿De dónde volvió su hermano Alfonso? 6. ¿Qué título se dió el rey después de la conquista de Toledo? 7. ¿Quién eclipsó las glorias de este rey? 8. ¿Qué gran conquista hizo este héroe? 9. ¿Qué sobrenombre le dieron sus soldados? 10. ¿Qué nombre le dieron los moros? 11. ¿Cómo aparece el Cid en las leyendas? 12. ¿De qué es símbolo este héroe? 13. ¿Qué características de la raza hispánica representa el Cid? 14. ¿Qué leyendas se cuentan sobre el apóstol Santiago? 15. ¿Por qué iban millares de peregrinos a Compostela? 16. ¿A dónde fueron llevadas las campanas de la vieja basílica? 17. ¿Qué es 'el camino francés'? 18. ¿Qué había a lo largo de este camino?

Preguntas

19. ¿Qué es el Pórtico de la Gloria?   20. ¿Qué representan el apóstol Santiago y el Cid?

VIII

1. ¿Quiénes fueron los almohades y los almorávides?   2. ¿Por qué tiene la lucha con los musulmanes un carácter más religioso? 3. ¿Por qué se aliaron los reyes cristianos?   4. ¿Qué importantes conquistas llevó a cabo el rey Santo?   5. ¿Por qué no tomó parte España en las cruzadas a Tierra Santa?   6. ¿Por qué no terminó la Reconquista en este siglo?   7. ¿A qué quedó reducido el dominio de los musulmanes?   8. ¿Quién se levantó contra Alfonso el Sabio?   9. ¿Quién defendió valientemente la plaza de Tarifa? 10. ¿Qué título dió el rey a su defensor?   11. ¿Qué universidades se fundaron en el siglo XIII?   12. ¿Qué lengua adquiere supremacía sobre las otras habladas en la Península?   13. ¿Quién escribió obras notables en prosa castellana?   14. ¿Qué libros se traducen ahora al castellano?   15. ¿Por qué iban muchos sabios europeos a Toledo?   16. ¿En qué lengua se escribió la primera poesía lírica?   17. ¿Quién escribió en esta lengua?   18. ¿Qué estilo arquitectónico aparece en este siglo?   19. ¿Qué caracteriza a este arte?   20. ¿Qué monumentos importantes se construyeron en este siglo?

IX

1. ¿Por qué no adelantó la Reconquista en este período? 2. ¿Quién fué doña María de Molina?   3. ¿Por qué se rebelaban los nobles contra los reyes?   4. ¿Quién fué derrotado en la batalla del río Salado?   5. ¿Cómo murió Alfonso XI?   6. ¿Cómo fué el reinado de Pedro I?   7. ¿Quiénes formaban las *Compañías blancas?* 8. ¿Quién capitaneaba las *Compañías negras?* 9. ¿Cómo murió el rey don Pedro?   10. ¿Con quiénes se casaron dos hijas de este rey?   11. ¿Quiénes son llamados *Príncipes de Asturias?* 12. ¿Quién era doña Isabel y con quién estaba casada?

13. ¿Quiénes proclamaron reina a doña Isabel? 14. ¿Qué *Coplas* famosas escribió Jorge Manrique? 15. ¿Qué es el *Conde Lucanor?* 16. ¿Qué es el arte mudéjar? 17. ¿Qué son *romances?* 18. ¿Qué hazañas cantaban estos *romances?* 19. ¿Quiénes recitaban los romances? 20. ¿Qué influencias se notan en la pintura del siglo XV?

X

1. ¿Cuándo adquirió importancia el reino de Aragón? 2. ¿Qué organización había tenido Cataluña antes de unirse con Aragón? 3. ¿Qué rey aragonés es contemporáneo de Alfonso *el Sabio?* 4. ¿Quién conquistó las islas Baleares? 5. ¿Qué lengua llevaron a estas islas? 6. ¿Por qué no interviene Aragón en la lucha contra los musulmanes? 7. ¿Qué aventuras emprenden catalanes y aragoneses? 8. ¿Por qué lucharon españoles y franceses en Italia? 9. ¿Dónde vivió por muchos años Alfonso V? 10. ¿De qué nacionalidad era la famosa familia de los Borja? 11. ¿Dónde se ha dejado sentir mucho la influencia de España? 12. ¿Por qué era más poderosa la nobleza aragonesa que la castellana? 13. ¿Dónde estaba situado el reino de Navarra? 14. ¿De qué otro país formó parte por muchos años? 15. ¿Quién fué el principal representante de la cultura navarra? 16. ¿Quién conquistó finalmente este reino? 17. ¿Quién fué Raimundo Lulio? 18. ¿Qué obras se escribieron en lengua catalana? 19. ¿Quién es Bartolomé Bermejo? 20. ¿Qué clase de decoración tienen muchas iglesias de Aragón?

XI

1. ¿Por qué es necesario estudiar la Edad Media? 2. ¿Qué dicen algunos historiadores del pueblo español? 3. ¿Cuáles de las razas venidas a España son de procedencia europea? 4. ¿Qué reinos existían en la Península al terminar la Edad Media? 5. ¿Qué contribuye a la variedad regional en España? 6. ¿Qué lenguas se hablan en España hoy además del castellano? 7. ¿Qué

ideales han mantenido los españoles en la historia? 8. ¿Cuándo se produjo el espíritu de intolerancia? 9. ¿Por qué concedían los reyes privilegios a la Iglesia, a los nobles y a algunas ciudades? 10. ¿Cuáles eran 'las tierras de nadie'? 11. ¿Por qué se supone que había más hombres libres en Castilla que en otros países de Europa? 12. ¿Qué recibían de los reyes los que iban a poblar las zonas fronterizas? 13. ¿Por qué no echó raíces el feudalismo en Castilla? 14. ¿Qué son *mayorazgos?* 15. ¿Qué eran los *caballeros?* 16. ¿Por qué se distingue el caballero español medieval? 17. ¿Qué representaban la mujer y el matrimonio? 18. ¿Qué fueron para el español de entonces la religión y el honor? 19. ¿Qué virtudes eran poco estimadas por los musulmanes? 20. ¿Para qué preparó la Reconquista al hombre hispánico?

XII

1. ¿Cuándo entra España en la Edad Moderna? 2. ¿Cómo se realizó la unión de Castilla y Aragón? 3. ¿Qué era la *Santa Hermandad?* 4. ¿Con qué objeto se introdujo la Inquisición? 5. ¿Por qué se creía necesaria la unidad religiosa? 6. ¿Por qué fueron expulsados de España los judíos? 7. ¿A dónde emigraron? 8. ¿Quiénes son los sefardíes? 9. ¿Quién disputaba a España la supremacía de Europa? 10. ¿Qué famoso general fué enviado a Italia? 11. ¿Qué famosas victorias obtuvo? 12. ¿Cuál era la lengua de la diplomacia entonces? 13. ¿Cómo trataron los Reyes Católicos de aislar a Francia? 14. ¿Con quién empezó una dinastía extranjera en España? 15. ¿Qué clase de reina fué Isabel la Católica? 16. ¿Qué género literario floreció en esta época? 17. ¿Cuándo se introdujo la imprenta en España? 18. ¿A quién se considera el fundador del teatro español? 19. ¿Qué es el *estilo Isabel?* 20. ¿Qué es el *plateresco?*

XIII

1. ¿Dónde se educó Carlos V? 2. ¿Por qué causó mala impresión en España? 3. ¿De qué país fué emperador? 4. ¿Quiénes

fueron los *Comuneros?* 5. ¿Qué política adoptó España desde la llegada de este rey extranjero? 6. ¿Quién fué el principal enemigo de Carlos V? 7. ¿Cuáles son los acontecimientos más notables de las guerras en Italia? 8. ¿Quién fué hecho prisionero en la batalla de Pavía? 9. ¿Qué frase era corriente en labios de soldados españoles? 10. ¿A quiénes venció Carlos V en la batalla de Mühlberg? 11. ¿Por qué es Carlos V una gran figura en la historia? 12. ¿Por qué era distinto el catolicismo español al de otros países? 13. ¿Qué reconocía Carlos V en el convenio de Augsburgo? 14. ¿A quién venció Carlos V ante los muros de Viena? 15. ¿Dónde fueron rescatados millares de cautivos españoles? 16. ¿En qué expedición fracasó Carlos V? 17. ¿En quién abdicó Carlos V el trono de Alemania? 18. ¿Por qué decidió abandonar la corona? 19. ¿Qué clase de hombre fué Carlos V? 20. ¿Cuál fué el propósito de su vida?

XIV

1. ¿Qué territorios formaban parte de la monarquía española en tiempos de Carlos V? 2. ¿Dónde tenía colonias el reino de Portugal? 3. ¿Cómo pasaron estas colonias a poder de España? 4. ¿Qué otra nación disputaba a España su influencia en Europa? 5. ¿Dónde fueron derrotados de nuevo los franceses? 6. ¿Qué monumento se construyó en conmemoración de tal victoria? 7. ¿A quién estaba dedicado? 8. ¿Qué representa este enorme monumento? 9. ¿Qué idea tenían de su país los españoles de aquel tiempo? 10. ¿Quiénes fueron vencidos en la batalla de Lepanto? 11. ¿Por qué no ha habido guerras religiosas en España? 12. ¿Por qué fué inevitable la guerra con Inglaterra? 13. ¿Qué factores contribuyeron a la derrota de la *Armada Invencible?* 14. ¿Cómo había pasado Flandes a posesión de la monarquía española? 15. ¿Quiénes prestaron ayuda a los rebeldes flamencos? 16. ¿Por qué se rebelaron estas provincias? 17. ¿Qué gastó España por defender Flandes? 18. ¿Por qué se rebelaron los moriscos de Granada? 19. ¿Qué cualidades poseía Felipe II? 20. ¿Qué diferencias hay entre Carlos V y Felipe II?

XV

1. ¿Qué dos acontecimientos de importancia tuvieron lugar en 1492? 2. ¿De dónde era Colón? 3. ¿Cuándo entró él en España? 4. ¿Cómo fué recibido su plan? 5. ¿Cuál era el proyecto que ofrecía Colón? 6. ¿Por qué fué rechazado la segunda vez? 7. ¿Dónde se encontraban entonces los Reyes Católicos? 8. ¿Qué se concedía a Colón en las *Capitulaciones de Santa Fe?* 9. ¿Dónde se hicieron los preparativos para el viaje? 10. ¿En qué fecha salió de este puerto la expedición? 11. ¿Cuántos días duró el viaje a América? 12. ¿Cuál fué la primera isla que descubrió Colón? 13. ¿Cuánto tiempo tardó Colón en volver a España? 14. ¿Dónde le recibieron los reyes? 15. ¿Qué debe España a Colón? 16. ¿Dónde murió el descubridor de América? 17. ¿Quién ha sido el primero en dar la vuelta al mundo? 18. ¿Quiénes son los más famosos conquistadores de América? 19. ¿Quién descubrió el Océano Pacífico? 20. ¿Cuánto abarcaban las conquistas españolas en el continente americano?

XVI

1. ¿Qué dos cosas de valor llevaron los españoles al Nuevo Mundo? 2. ¿Por qué fué sustituido Colón en el gobierno de las islas? 3. ¿Cuál fué el principal objeto de la colonización de América? 4. ¿Cuántos virreinatos había en el siglo XVIII? 5. ¿Cuáles fueron los más antiguos? 6. ¿Qué eran las *Audiencias?* 7. ¿De qué organismo dependían los virreinatos y las Audiencias? 8. ¿Qué era la *Casa de Contratación?* 9. ¿Qué dos ciudades españolas monopolizaron el comercio de las colonias? 10. ¿En qué consistía el *sistema de flotas?* 11. ¿Quién llevaba a cabo la mayoría de las conquistas y exploraciones? 12. ¿Cuáles fueron algunas de las características de la colonización española? 13. ¿A quiénes se prohibía la entrada en las colonias? 14. ¿Qué llevaron los españoles a América? 15. ¿Cómo debían ser tratados los indios? 16. ¿Dónde se fundó la primera universidad del continente americano? 17. ¿Qué contribuyó a la unidad entre las

colonias? 18. ¿Qué tipo de cultura se ha producido en Hispano-América? 19. ¿Por qué es la colonización española superior a las de otros países? 20. ¿Qué elemento de transporte introdujeron los españoles?

XVII

1. ¿Qué clase de rey fué Felipe III? 2. ¿A quién encargó el gobierno del reino? 3. ¿Qué dijo de su hijo Felipe II? 4. ¿Qué famosa guerra tuvo lugar en Europa durante este reinado? 5. ¿Quiénes fueron expulsados de España en 1609? 6. ¿Por qué se hizo esta expulsión? 7. ¿Dónde fué derrotada la infantería española por primera vez? 8. ¿Por qué estaban descontentas las tropas españolas? 9. ¿Qué dos regiones se sublevaron en el reinado de Felipe IV? 10. ¿Cuándo obtuvo Portugal su independencia definitiva? 11. ¿Quién fué el Conde-Duque de Olivares? 12. ¿Cuándo alcanzó la literatura española su mayor florecimiento? 13. ¿Con quién se extingue la dinastía austríaca en España? 14. ¿A quién nombró heredero Carlos II? 15. ¿Quién aspiraba también a la corona española? 16. ¿Por cuánto tiempo gobernaron España los Borbones? 17. ¿Cuáles fueron las causas principales de la decadencia española? 18. ¿Qué descuidaron los españoles? 19. ¿A dónde iban los tesoros de América? 20. ¿Qué concepto tenían los españoles del trabajo manual?

XVIII

1. ¿Qué se entiende por *Siglo de Oro?* 2. ¿Cuáles eran las dos universidades más importantes de España en el siglo XVII? 3. ¿En qué sentido era intolerante la Inquisición? 4. ¿Quién fué Luis Vives? 5. ¿A quién se atribuye la invención de la circulación de la sangre? 6. ¿A quién se considera el fundador del derecho internacional? 7. ¿Cómo murió Miguel Servet? 8. ¿A qué clase de estudios contribuyeron los descubrimientos en América? 9. ¿Por qué usaba Carlos V la lengua castellana en

preferencia a otras lenguas que conocía mejor? 10. ¿Qué decía Cervantes de esta lengua? 11. ¿Cuáles son los rasgos característicos de la literatura española de esta época? 12. ¿Qué clases de novelas se escribían entonces? 13. ¿Cuál de ellas es más típicamente española? 14. ¿Quién es Miguel de Cervantes? 15. ¿En qué año se publicó *Don Quijote?* 16. ¿Cómo era el teatro español del Siglo de Oro? 17. ¿Cómo llamó Cervantes a Lope de Vega? 18. ¿Quién creó el tipo legendario de Don Juan? 19. ¿Qué es *gongorismo?* 20. ¿En qué supera Calderón a sus contemporáneos?

XIX

1. ¿Quiénes fueron los maestros de los pintores españoles? 2. ¿Cómo era el arte de los venecianos? 3. ¿Qué le preocupaba al artista español de este siglo? 4. ¿Quiénes forman la trilogía de la pintura española? 5. ¿Cómo son las figuras que pinta *El Greco?* 6. ¿Qué momento marca Velázquez? 7. ¿Cómo es el arte de este pintor? 8. ¿Qué supo pintar él mejor que nadie? 9. ¿Cuáles son algunos de sus cuadros famosos? 10. ¿Qué sensación producen los cuadros de Ribera? 11. ¿Qué asuntos pinta Zurbarán con más frecuencia? 12. ¿En qué consiste para algunos el encanto de Murillo? 13. ¿En qué se diferencia la escultura española de la del resto de Europa? 14. ¿Por qué fué la escultura más popular que las otras artes? 15. ¿Qué escultura era fría para un español de aquella época? 16. ¿Qué estilo arquitectónico, desaparecido de otros países, se conservaba aún en España? 17. ¿Qué estilo viene a sustituir al plateresco? 18. ¿A qué estilo pertenece el monasterio de El Escorial? 19. ¿Cuál es la característica del barroco en arquitectura? 20. ¿Qué género musical se inicia en este período?

XX

1. ¿Cuánto duró la Guerra de Sucesión? 2. ¿Por qué apoyaban las naciones europeas al archiduque austríaco? 3. ¿Dónde

fué proclamado rey el archiduque?   4. ¿Por qué perdió éste interés en la corona de España?   5. ¿Qué perdió España por el *Tratado de Utrecht?*   6. ¿Cuál de estas pérdidas fué la más dolorosa?   7. ¿Cuántos Borbones gobernaron España en el siglo XVIII?   8. ¿Qué tuvieron todos ellos en común?   9. ¿Cuál era la teoría política de la época?   10. ¿Qué sobrenombre dieron los españoles a Felipe V?   11. ¿Por quién fué dominado este rey? 12. ¿Cuál fué la política de Fernando VI?   13. ¿Qué frase se le atribuye?   14. ¿Qué enfermedad padeció al fin de su vida? 15. ¿Quién le sucedió en el trono?   16. ¿Dónde había gobernado Carlos III antes de venir a España?   17. ¿Quiénes fueron expulsados de España en este reinado?   18. ¿Por qué fué poco acertada la política exterior de Carlos III?   19. ¿Por quién se dejó gobernar Carlos IV?   20. ¿Por quién fué llevada a Francia la familia real española?   21. ¿Por qué fueron tristes estos días para España?

XXI

1. ¿Qué se dice con frecuencia del siglo XVIII?   2. ¿Qué poderosa influencia se dejó sentir?   3. ¿Cómo se dió impulso a la enseñanza?   4. ¿A qué se resistía el pueblo?   5. ¿En qué cooperaron algunos sabios españoles?   6. ¿Quién fué Ramón de la Cruz?   7. ¿Qué clase de comedias escribió Fernández de Moratín?   8. ¿Qué escribió el Padre Isla?   9. ¿Quién combatió el fanatismo?   10. ¿Qué influencia sentía la música española? 11. ¿Qué estilo predomina en arquitectura?   12. ¿Quién fué el principal escultor del siglo XVIII?   13. ¿En qué se observa la influencia francesa?   14. ¿Dónde hay palacios reales en España? 15. ¿Quién es el mejor pintor de este siglo?   16. ¿Por qué fué rebelde Goya?   17. ¿De qué asuntos se ocupa en su extensa obra? 18. ¿Dónde se pueden ver sus mejores cuadros?   19. ¿Qué representa en sus *Caprichos?*   20. ¿Cuál es la principal característica de este gran pintor?

Preguntas

XXII

1. ¿Qué cambios políticos hubo en el siglo XIX?   2. ¿Con qué pretexto entró Napoleón en la Península?   3. ¿En qué día se dió el grito de independencia?   4. ¿Quiénes ayudaron a los españoles contra Napoleón?   5. ¿Cuántos años duró la guerra de la Independencia?   6. ¿Quién gobernó el país en ausencia del rey? 7. ¿Cómo recibieron los españoles a Fernando al volver del destierro?   8. ¿Cómo era la Constitución de Cádiz?   9. ¿Qué hizo Fernando VII al ocupar el trono?   10. ¿Con qué objeto se sublevó el general Riego?   11. ¿Cómo recobró el rey su poder absoluto?   12. ¿Por qué emigraron entonces muchos españoles? 13. ¿Quién debía sucederle en el trono?   14. ¿Cómo terminó la primera guerra carlista?   15. ¿Cómo fué el reinado de Isabel II? 16 ¿Qué reformas se hicieron durante su reinado?   17. ¿Por qué abandonó el trono Amadeo de Saboya?   18. ¿Cuánto duró la primera República española?   19. ¿Con quién se restauró la dinastía borbónica?   20. ¿Cuándo terminó el dominio de España en el continente americano?   21. ¿Cuándo perdió España sus últimas colonias en América?

XXIII

1. ¿Cuándo tomó fuerza el Romanticismo español?   2. ¿Cuáles son los principales dramas románticos españoles?   3. ¿Quiénes son llamados escritores *costumbristas?*   4. ¿Con quién empieza la novela española del siglo XIX?   5. ¿Qué se entiende por novela regionalista?   6. ¿Quién fué el novelista más importante del siglo?   7. ¿Quiénes fueron otros novelistas de importancia? 8. ¿Qué son los *Episodios Nacionales?* 9. ¿Quién dominó la escena durante el último tercio de este siglo?   10. ¿Quiénes representan el drama de transición?   11. ¿Qué son las *Rimas* de Bécquer? 12. ¿Qué expresa Campoamor en sus *Doloras* y *Humoradas?* 13. ¿En qué lengua escribió Rosalía de Castro muchas de sus poesías?   14. ¿Qué dos pintores famosos aparecen a fin de siglo?   209 15. ¿Qué caracteriza los cuadros de Sorolla?   16. ¿Qué reacción

se dió en la música española? 17. ¿Quiénes fueron algunos de los grandes músicos españoles? 18. ¿Por qué estaban desorientados los españoles a fin de siglo? 19. ¿A qué dedicó su vida Francisco Giner de los Ríos? 20. ¿Qué institución creada por este hombre influyó mucho en la intelectualidad española?

XXIV

1. ¿A qué edad fué declarado rey Alfonso XIII? 2. ¿De qué se le hizo responsable? 3. ¿Cómo perdió este rey su popularidad? 4. ¿Dónde sufrió un desastre el ejército español? 5. ¿Qué ocurrió en 1923? 6. ¿Cuánto tiempo duró la Dictadura de Primo de Rivera? 7. ¿Qué ocasionó la caída de este dictador? 8. ¿Qué factores contribuyeron al desprestigio de la monarquía? 9. ¿Qué elecciones tuvieron lugar el 12 de abril de 1931? 10. ¿Cuándo fué proclamada la segunda República española? 11. ¿Qué hizo el rey al proclamarse la República? 12. ¿Quién fué el primer Presidente de esta república? 13. ¿Qué establecía el artículo 26 de la nueva constitución? 14. ¿Cómo trató la República de solucionar el exceso de oficiales en el ejército? 15. ¿Qué juraron los oficiales que decidieron continuar en el ejército? 16. ¿Qué se entiende por 'bienio negro'? 17. ¿Por qué se trajeron soldados moros a España? 18. ¿Quiénes formaban el *Frente Popular?* 19. ¿Cuándo tuvo lugar la rebelión militar? 20. ¿Por qué se rebelaron los militares? 21. ¿Dónde empezó la rebelión? 22. ¿Quiénes eran los nacionalistas? 23. ¿Quiénes les ayudaron con material de guerra? 24. ¿En qué día se rindió por fin Madrid? 25. ¿Cuál es el régimen actual de España y quién lo dirige?

XXV

1. ¿Qué es la 'Generación del 98'? 2. ¿Qué preocupaba a los hombres de esta generación? 3. ¿Cuál fué su actitud ante los valores tradicionales? 4. ¿Qué géneros literarios cultivaron? 5. ¿Quién fué Miguel de Unamuno? 6. ¿Qué son sus *nivolas?* 7. ¿Cuáles son sus obras más discutidas? 8. ¿Cuál es el pro-

blema central de su pensamiento?   9. ¿Cuál es la característica
de 'Azorín'?   10. ¿Cómo son los personajes de Pío Baroja?
11. ¿Qué representa Valle Inclán?   12. ¿Quién fué el inspirador
de los poetas de esta generación?   13. ¿A qué aspiraban estos
poetas?   14. ¿Quiénes fueron los principales?   15. ¿Quién fué
el principal dramaturgo?   16. ¿Quién fué Ramón y Cajal?
17. ¿Qué mantiene Ortega y Gasset en su obra 'La rebelión de
las masas'?   18. ¿Quién fué García Lorca?   19. ¿Cómo son las comedias de Alejandro Casona?   20. ¿Quiénes son Picasso, Dalí y
Gaudí?   21. ¿Por qué abandonaron España muchos escritores
durante la guerra civil?   22. ¿Cómo es el panorama de la literatura española contemporánea?

Vocabulario

From this vocabulary the following items have been omitted: (a) the articles; (b) the personal and reflexive pronouns; (c) the demonstrative and possessive adjectives and pronouns; (d) cardinal and ordinal numbers; (e) adjectives that have similar English forms and meanings, such as *general, moral, racial, terrible;* (f) proper names that have no common equivalent in English; and (g) names of Spanish rulers listed in the *Tabla Cronológica,* and names of persons sufficiently explained in the notes or identified in the text. Otherwise the vocabulary is intended to be complete.

A

a at, into, to, toward; on, upon; of, from; as, by, for; *sign of the definite personal direct object*

abajo! down!

abandonar abandon, give up, leave

abarcar comprise, cover, embrace

abdicación *f.* abdication

abdicar (en) abdicate *(in favor of)*

abiertamente openly

abierto *from* **abrir**

abolir abolish

aborigen aboriginal; *pl.* aborigines

abrazar embrace

abrigar cherish

abril *m.* April

abrir(se) open; be opened

absolutamente totally, completely

absolutismo *m.* absolutism

absolutista *m.* absolutist, autocrat

absolutista absolutistic, autocratic

absoluto, -a absolute, autocratic

absorbente absorbing, engrossing

absorber absorb

abstracto, -a abstract

abulia *f.* lack of will *or* interest

abundancia *f.* abundance

abundante abundant, frequent

abundar abound

abuso *m.* abuse; **—s** excesses

acabado, -a faultless, finished, perfect

acabar end, finish; **—de** have just; **—por** end by; finally do; **—con** put an end to

academia *f.* academy

academismo *m.* academism, *school formed by those who obeyed the rules and dictates of an academy*

acaparador *m.* monopolizer

acaparador, -ora monopolizing

acaso perhaps

accidentado, -a agitated, eventful, uneven

acción *f.* action; **en — de gracias** as an expression of gratitude

acento *m.* tone, accent

aceptar accept

acerca de about, concerning

acercarse approach

acertado, -a wise; successful; appropriate

acertar be successful; hit upon the right thing

acierto *m.* ability, tact; success

213

aclaración *f.* clarification, explanation
acompañado, -a (de) accompanied (by), followed (by)
acompañar accompany, follow
aconsejar advise, counsel
acontecimiento *m.* event, happening
acordar agree, resolve
acostumbrado, -a accustomed, used
acostumbrar (a) be accustomed (to)
acreditado, -a well-established
acreditar accredit
actitud *f.* attitude, position
actividad *f.* activity; energy
activo, -a active
acto *m.* act, action
actual present, present day
acudir come; attend, be present
acueducto *m.* aqueduct
acuerdo *m.* agreement; de — in accordance
acumular accumulate
acusación *f.* accusation
acusar accuse; acknowledge, show
a. de C. = antes de Cristo B.C.
adelantado, -a advanced
adelantar advance, progress;—se (a) anticipate, come forward; go ahead
adelante forward; ahead; en — from now on, in the future
adelanto *m.* advance, advancement, progress, improvement
además besides, moreover; — de besides, in addition to
administrativamente administratively
administrativo, -a administrative
admirablemente admirably
admirar admire
admitir accept, admit
adopción *f.* adoption
adoptar adopt
adoptivo, -a adoptive
adorno *m.* adornment, ornament
adquirir acquire, attain, gain, obtain
aduana *f.* customhouse
adverso, -a adverse, unfavorable
advertir notice, observe; warn
aéreo, -a aerial, airy, fantastic

afable affable
afán *m.* desire, eagerness
afecto *m.* affection
afeminado *m.* effeminate
afianzarse hold fast, become firm
aficionado *m.* amateur, person fond of something
aficionado, -a fond of, devoted to
afirmación *f.* assertion, affirmation
afirmar affirm, declare, state
afluencia *f.* influx, inflow
afortunado, -a fortunate, lucky
África *f.* Africa
africano, -a African
agente *m.* agent
agitación *f.* agitation
agitar agitate; upset
aglomerar agglomerate, heap upon, gather
agosto *m.* August
agotar exhaust, weaken
agradable agreeable, pleasant, pleasing
agravar aggravate; —se become worse
agresivo, -a aggressive
agrícola agricultural
agricultor *m.* agriculturist, farmer
agricultura *f.* agriculture
agrupar classify, group
agua *f.* water
aguafuerte *m.* etching
agudizar become acute, render acute
agudo, -a acute, sharp; high-pitched; witty
Agustín Augustine
agustino *m.* Augustinian (*religious of the Order of St. Augustine*)
ahora now; hasta — up to now
aire *m.* air
aislamiento *m.* isolation, separation
aislar isolate
ajustar adjust
al + *inf.* on, upon, when
ala *f.* wing
alabar praise, extol
alabastro *m.* alabaster
alanos *m. pl.* the Alans, Alani
alargado, -a elongated, long

Vocabulario

Alarico: Alaric I (*died* 410), *Visigothic king*

alba *f.* dawn

Albacete: *city and province in southeastern Spain*

Alberto Albert

albor *m.* dawn

Alcalá: Alcalá de Henares, *town in central Spain, near Madrid*

alcalde *m.* mayor

alcance *m.* reach, scope; **a su —** within (their) reach

Alcántara: *town in the province of Cáceres, in western Spain*

alcanzar acquire, attain, obtain, reach

Alcorán *m.* Koran

aldea *f.* village, town

alegar adduce, allege

alegoría *f.* allegory

alegre gay, joyous, merry

alegría *f.* joy, merriment

alejado, -a separated, away

Alejandro Alexander

alemán *m.* German (language)

Alemania *f.* Germany

alentar cheer, encourage

Alfonso Alphonsus, Alphonso

Algeciras: *town in southern Spain, near Gibraltar*

algo something; somewhat; **— así como** something similar to

algún: *apocopated form of* **alguno**

alguno *m.* someone

alguno, -a any, some; *pl.* a few

aliado *m.* ally

alianza *f.* alliance; **Santa —** Holy Alliance

aliar ally; **—se** form an alliance

aliento *m.* breath

aliviar relieve; lighten

alma *f.* soul, spirit

almacén *m.* depot, storage house

Almadén: *important mining center in south-central Spain, province of Ciudad Real*

Almansa: *town in the province of Albacete*

Almanzor: Almansur (939–1002), *Moorish general*

almirante *m.* admiral

almohades *m. pl.: religious sect of Berbers that founded an empire in North Africa*

almorávides *m. pl.: powerful Mohammedan tribe that established a kingdom in North Africa*

Alonso Alonzo

Alpes *m. pl.* Alps

alrededor *m.* surrounding, vicinity; **a su — around him**

alrededor (de) around, surrounding

Altamira: *site of a famous prehistoric cave, in northern Spain, in the province of Santander*

alternar alternate

alto, -a high, tall; great

altura *f.* altitude, height; advancement

alumbrado *m.* lighting

alumno *m.* student, pupil

allá there, yonder; **más — de** beyond

allí there

amante *m.* lover

amante *f.* lover, sweetheart

amante (de) fond (of)

amar love

amargamente bitterly

amargura *f.* grief, bitterness

ambición *f.* ambition

ambicionar aspire, desire, seek

ambicioso, -a ambitious

ambiente *m.* atmosphere

ambos, -as both

amenaza *f.* threat

amenazar threaten

América *f.* America

americano, -a American

amigo *m.* friend

amigo, -a friendly; **— de** fond of, friendly to

Amílcar Hamilcar (*Barca*)

amistad *f.* friendship

amistoso, -a friendly

amor *m.* affection, love; **— a** love of *or* for

amoroso, -a amorous

amparadora *f.* protectress

amparar protect

215

ampliar enlarge; develop
amplio, -a extensive, large, wide
Ampurias: *old city on the Mediterranean coast, in northeastern Spain*
analizar analyze
anarquía *f.* anarchy
anarquista *m.* anarchist
anciano *m.* old man
Andalucía Andalusia, *region in southern Spain, divided into eight provinces*
andaluz, -a Andalusian
andante errant, wandering
Andrés Andrew
anexionar annex, take possession of
angustia *f.* anguish, suffering
Aníbal Hannibal
animado, -a animated; — de inspired by
animar animate, cheer, encourage
ánimo *m.* courage, spirit
animoso, -a brave, courageous
Anjou: *former province in France;* Carlos de — Charles of Anjou, *King of Naples and Sicily* (1262–1282)
anónimo, -a anonymous, unknown; razas anónimas races before recorded history
ansioso, -a anxious, eager
ante before, in the presence of
antecesor *m.* predecessor
antepasado *m.* ancestor, predecessor
anterior former(ly), previous, preceding
antes before, formerly; — de before; — (de) que before; rather than; poco — shortly before
anticiparse a get ahead of
antiguamente formerly, in olden times
antigüedad *f.* ancient times, antiquity
antiguo, -a ancient, old
antirrepublicano, -a antirepublican
antojo *m.: a su —* as they pleased
Antonio Anthony
añadir add
año *m.* year; a los (catorce) —s at the age of (four-teen); a los dos —s de su reinado after ruling two years; ten-

dría veintidós —s he was about twenty-two years old
apaciguar appease, pacify
apagar suppress; —se die away *or* out
aparato *m.* apparatus, instrument
aparecer appear, be
apariencia *f.* appearance
apartado, -a distant, remote
apartar separate; —se desist, deviate
aparte aside
apasionamiento *m.* passion, emotion
apelar appeal, resort
apenas hardly, scarcely
apéndice *m.* appendix
aplastante crushing
aplaudir applaud, approve
aplicación *f.* application, use
aplicar apply
apoderarse seize, take possession; conquer
apodo *m.* nickname
apogeo *m.* climax, height
aportación *f.* contribution
apóstol *m.* apostle
apoyar aid, support; —se to lean
apoyo *m.* aid, help, protection, support
apreciar appreciate, esteem
aprender learn
aprobación *f.* approval, consent
aprobar approve, consent
aprovechar(se) take advantage, benefit
aproximadamente about, approximately
aquél, aquélla the former
árabe *m.* Arab, Arabic language
árabe Arabian
Arabia *f.* Arabia
Aragón: *region in northeastern Spain, formerly a kingdom*
aragonés *m.* Aragonese, native of Aragón; dialect of Aragón
aragonés, -esa Aragonese
Aranda: Conde de Aranda (1718–1797), *Spanish statesman*
arca *f.* chest, coffer
arcipreste *m.* archpriest

Vocabulario

arco *m.* arch; — **de medio punto** semicircular arch

archiduque *m.* archduke

aristocracia *f.* aristocracy, upper classes

Aristóteles Aristotle (B.C. 384–322) *Greek philosopher*

arma *f.* arm, weapon; —**s** armies, troops

armada *f.* fleet, navy

Armando Armand

armar arm, equip

armería *f.* armory

armonía *f.* concord, harmony

arqueología *f.* archeology

arqueológico, -a archeologic

arquitecto *m.* architect

arquitectónico, -a architectural

arquitectura *f.* architecture

arraigar become firmly established, take root

arrancar arouse, start; **de su época arranca** in his time begins

arrebatar carry *or* snatch away, take from

arreglar arrange, settle

arreglo *m.* arrangement, settlement

arriesgado, -a dangerous, hazardous; daring

arriesgar plunge into, risk, venture

arrojar expel, throw; —**se** rush

arroz *m.* rice

arsenal *m.* arsenal, shipyard

arte *m. and f.* art; **las bellas** —**s** fine arts

artículo *m.* article; essay

artista *m.* artist

artístico, -a artistic

arzobispo *m.* archbishop

asaltar assault, storm

asalto *m.* assault

asamblea *f.* assembly; — **de vecinos** town council

ascender mount, ascend, rise

asedio *m.* siege

asegurar assert, state

asesinar assassinate, murder

asesinato *m.* murder

así in this way, so, thus, — **como** just as, like; as well as; — **que** thus(ly)

Asia Asia; — **Menor** Asia Minor

asiático, -a Asiatic

asimetría *f.* lack of symmetry

asimilar assimilate, absorb

asimismo also, likewise

asistir attend, be present

asma *f.* asthma

asociación *f.* association

asolar devastate

asombroso, -a amazing, astounding

aspecto *m.* appearance, aspect; phase

aspirante *m.* aspirant, pretender

aspirar aspire

astronomía *f.* astronomy

astur *m.* Asturian, native of Asturias

Asturias: *former kingdom and province of northern Spain*

astuto, -a astute, clever, crafty

asunto *m.* affair, matter, subject

atacar attack

ataque *m.* attack

Ataulfo Ataulf (410–415), *Visigothic king*

atención *f.* attention; **llamar la** — to attract attention

atender pay attention, take care

atentado *m.* assault, attempted crime

Atlántico *m.* Atlantic Ocean

Atlántico, -a Atlantic

atlas *m.* atlas

atraer attract, charm, lure

atrajo *from* **atraer**

atraso *m.* backwardness

atravesar cross, traverse

atrevidamente daringly

atrevido, -a daring

atribuir attribute, impute

atroz atrocious

audaz bold, fearless

audiencia *f.* high court of justice; Royal Audience

Augusto Augustus; Caesar Augustus, *first Roman emperor*

aumentar increase

aun *or* **aún** even, still; yet; — **así** even so

aunque although, even if

aureola *f.* aureole, halo

ausencia *f.* absence

austero, -a austere, stern

Austria *f.* Austria, *country and imperial house, House of Hapsburg;* **Juan de —** (1547–1578), *half-brother of Philip II of Spain*

austríaco Austrian

auto *m.* mystery play; **— sacramental** *allegorical play dealing with the Holy Eucharist*

autobiográfico, -a autobiographical

autonomía *f.* autonomy

autor *m.* author, writer

autoridad *f.* authority; status

autorizar permit

auxiliar *m.* ally, helper

auxilio *m.* aid, help

avance *m.* advance, rise

avanzado, -a advanced

avanzar advance

aventura *f.* adventure

aventurado, -a hazardous, risky

aventurar(se) risk, venture

aventurero *m.* adventurer

aventurero, -a adventurous, wild

Ayacucho: *city in Peru, South America*

ayuda *f.* aid, help, support

ayudar aid, assist, help, support

ayuntamiento *m.* city hall

azteca *m.* Aztec

azúcar *f.* sugar

azufre *m.* sulphur

azulejo *m.* glazed tile

B

Bach: **Johann Sebastian Bach** (1685–1750), *famous German composer*

bajo below, under

bajo, -a low, lower

balance *m.* balance (sheet)

Balboa: *see* **Núñez de Balboa**

baldío, -a untilled

Baleares *f. pl.* Balearic Islands, *in the Mediterranean, off the eastern coast of Spain and belonging to Spain*

baluarte *m.* stronghold

bando *m.* faction, group

bañar bathe, wash

baño *m.* bath

bárbaro *m.* barbarian

bárbaro, -a barbarian, barbarous

Barbarroja: *name of two brothers, rulers of Algeria and famous pirates of the XVIth century*

barbero *m.* barber

Barbieri: Francisco Barbieri (1823–1894), *Spanish composer*

Barca: *famous family of old Carthage*

Barcelona: *seaport city in the province of Barcelona, in northeastern Spain*

barcelonés, -esa from Barcelona, pertaining to Barcelona

barco *m.* boat, ship

barrera *f.* barrier

barroco, -a baroque, rococo

basar base

base *f.* base, basis, foundation; **a — de** on the basis of

basílica *f.* basilica, temple

bastante enough, sufficient; quite (a bit), fairly

bastar be enough, suffice

batalla *f.* battle; **se dió la —** the battle was fought

batallador *m.* fighter

Bélgica *f.* Belgium

belleza *f.* beauty

bello, -a beautiful

beneficioso, -a beneficial, profitable

Benito Benedict

berberisco *m.* Berber

berberisco, -a Berber, pertaining to Barbary, *region on the coast of North Africa*

bereber *m.* Berber *(from North Africa)*

Bernardo Bernard; **— del Carpio:** *see* **Carpio**

Berruguete: Pedro *(XVIth century), Spanish painter*

biblioteca *f.* library

bien *m.* good, welfare, **—es** property

bien well; very; **más —** rather; **si —** although

Vocabulario

bienio *m.* biennium
biólogo *m.* biologist
blanco, -a white
bobo *m.* clown, fool
boceto *m.* sketch
boda *f.* wedding; *pl.* wedding
Bolonia Bologna, *city in northern Italy*
Bonaparte: *see* Napoleón
bondadoso, -a kind
Borbón Bourbon, *royal house of France and Spain*
borbónico, -a Bourbonic
borde *m.* border, edge
Borgia: *Italian noble family of Spanish origin;* Alejandro — Pope Alexander VI (1492–1503)
Borgoña Burgundy
Borja: *Spanish form of* Borgia
borracho *m.* drunkard
botánica *f.* botany
botánico, -a botanical
Brasil *m.* Brazil
brazo *m.* arm
Breda: *city in Holland*
bretón *m.* Briton, *native of Brittany, in France*
breve brief, short
brillante brilliant
brillo *m.* brilliancy, splendor
broma *f.* jest, joke; medio en — medio en serio half jokingly
brujo *m.* wizzard
brutalmente brutally
buen: *apocopated form of* bueno
bueno, -a good; fine
Buenos Aires: *capital city of the Republic of Argentina*
bufón *m.* jester, fool
Burgos: *city in the province of Burgos, in northcentral Spain*
burlador *m.* unscrupulous libertine
burlarse (de) make fun (of); laugh (at)
burocrático, -a bureaucratic
busca *f.* search
buscar seek, look for; find
busto *m.* bust

C

ca = circa [*Latin*] about
caballar pertaining to horses
caballeresco, -a chivalrous, knightly, chivalric
caballería *f.* chivalry, knighthood; libros de —s books of chivalry
caballero *m.* knight, nobleman; gentleman; — andante knight-errant
caballo *m.* horse; a — on horseback
caber fall; belong
cabeza *f.* head
Cabeza de Vaca: *see* Núñez Cabeza de Vaca
Cabezón: Félix Antonio de Cabezón (1510–1566), *Spanish organist and composer*
cabo *m.* end, point; llevar a — carry out, finish, realize
cada each, every
cadáver *m.* cadaver, corpse
cadena *f.* chain
Cádiz: *seaport city in the province of Cádiz, in southwestern Spain*
caer fall
caída *f.* downfall, fall
caiga *from* caer
calamidad *f.* calamity
Calatrava: *old town, now in ruins, in central Spain*
calcular calculate; se calcula it is estimated
cálido, -a hot, warm
califa *m.* caliph
califato *m.* caliphate
calificar qualify, characterize
calma *f.* calm, calmness
calmar appease, calm
calor *m.* heat
calvinista Calvinist(ic)
calle *f.* street
cámara *f.* chamber
cambiar change
cambio *m.* change; a — de in exchange for; en — on the other hand
camino *m.* road, path, way; — de on the road to

campamento *m.* camp, encampment
campana *f.* bell
campaña *f.* campaign
Campazas: *village in the province of León, in western Spain*
campeador *m.* champion, mighty in battle
campeón *m.* champion
campesino *m.* farmer, peasant
campo *m.* field, land, space; sphere
Campomanes: Conde de Campomanes (1725–1802), *Spanish statesman*
canal *m.* canal, channel
canalización *f.* canalization
Canarias: Islas Canarias Canary Islands
candor *m.* ingenuousness, sincerity
Cano: Alonso Cano (1601–1667), *Spanish painter and sculptor*
cansado, -a tired
cansar tire out; —se de get tired of, tired of
Cantábrico *m.* Cantabrian Sea, *better known as Bay of Biscay*
cantábrico, -a Cantabrian
cántabro *m.* Cantabrian, native of Cantabria, *former region of northern Spain*
cantar sing
cantar *m.* epic poem, song; — de gesta epic *or* legendary poem
cantidad *f.* amount, sum
cántiga *f.* lyric poem
canto *m.* song, singing
cantor *m.* singer, poet
caña *f.* cane; — de azúcar sugar-cane
cáñamo *m.* hemp
cañón *m.* cannon, gun
capacidad *f.* capacity; — directora capacity to lead
capaz capable, competent
capilla *f.* chapel; Capilla Sixtina Sistine Chapel, *famous chapel in the Vatican*
capital *f.* capital (*of a country or province*)
capitán *m.* captain
capitanear command, lead
capitulación *f.* agreement, stipulation

capítulo *m.* chapter
capricho *m.* fancy, notion, whim
caprichoso, -a capricious, whimsical
captar capture
cara *f.* face
carabela *f.* caravel
carácter *m.* character; disposition, nature
característica *f.* characteristic
característico, -a characteristic
caracterizar characterize, distinguish
carbón *m.* coal; charcoal; — de piedra coal
cárcel *f.* jail, prison
cardenal *m.* cardinal
carecer (de) lack
carencia *f.* lack
cargar (de) load (with)
cargo *m.* post; office, title
caricatura *f.* caricature
carlista *m.* Carlist, *a follower of Don Carlos, brother of Ferdinand VII*
Carlos Charles; — Martel Charles Martel (689–741), *French prince and hero;* — V Charles V (1500–1558), *crowned King of Spain* (1517) *as Charles I and Emperor of the Holy Roman Empire* (1519) *as Charles V;* — VIII Charles VIII (1483–1498), *King of France;* — de Austria Charles VI (1711–1740), *Emperor of Austria*
carne *f.* flesh; meat; — y hueso flesh and blood.
carretera *f.* highway, road
Cartagena: *seaport city in southeastern Spain*
cartaginés *m.* Carthaginian
cartaginés, -esa Carthaginian
Cartago Carthage, *ancient city on the north coast of Africa;* — Nova New Carthage, Cartegena (*Spain*)
cartógrafo *m.* chartographer, maker of charts *or* maps
cartón *m.* painting *or* drawing on strong paper
cartuja *f.* chapel
Carvajal: José de Carvajal y Lancáster

Vocabulario

(died 1754), Spanish statesman, minister of Ferdinand VI

casa f. firm, house; **Casa de Contratación** Board of Trade

casamiento m. marriage

casar marry; —**se con** marry, be married to

casi almost, nearly

Casitérides Cassiterides, "Tin-islands." (In ancient geography they were regarded as being situated somewhere near the west coasts of Europe; some in modern times identify them with the British Isles)

caso m. case, event

castellano m. Castilian, Spaniard; Spanish language

castellano, -a Castilian, Spanish

Castilla Castile, former kingdom in north-central and central Spain, now divided into several provinces; — **la Vieja** Old Castile; — **la Nueva** New Castile

castillo m. castle, fortress

castizo, -a traditional; genuine

casto, -a chaste, pure

catalán m. Catalan, native of Catalonia; Catalan language

catalán, -ana Catalan, Catalonian

Cataluña Catalonia, region in northeastern Spain

catarata f. cataract

catedral f. cathedral

categoría f. category, rank

catolicismo m. Catholicism

católico m. Catholic

católico, -a Catholic

cauce m. channel, course

caudillo m. chieftain, leader

causa f. cause, reason; case; **a — de** on account of

causante m. causer; constituent; provocative man

causante f. causer; constituent provocative woman

causar cause, produce

cautivo m. captive

cayó, cayeron from **caer**

ceder cede, give away, yield

celebración f. celebration; holding

celebrado, -a famous

celebrar celebrate; hold (elections)

célebre famous

celebridad f. celebrity

Celestina Celestine

celo m. zeal

celoso, -a jealous, suspicious

celta m. Celt

celtibérico, -a Celt-Iberic

celtíbero m. Celt-Iberian

celtíbero, -a Celt-Iberic

céltico, -a Celtic

censurar criticize

centenar m. hundred

centralización centralization

centralizador, -ora centralizing, centralist

centralizar centralize

centro m. center

cerámica f. ceramics

cerca (de) near (to); **de —** closely

cercano, -a close, near

cercar encircle, lay siege to

cerco m. siege; **poner —** lay siege

cerda f. sow; **de —** pertaining to hogs

ceremonia f. ceremony

Ceriñola Cerignola, town in southeastern Italy

certeza f. certainty

Cervantes: Miguel de Cervantes Saavedra (1547–1616), greatest of Spanish writers

cerrar close, shut

certamen m. competition, contest

cetro m. sceptre; reign

Cid: title given to **Rodrigo Díaz de Vivar** (1040?–1099), national hero of Spain

cielo m. heaven, sky

ciencia f. science; knowledge; discipline, branch of knowledge; —**s exactas** mathematics; —**s naturales** natural science; **hombre de —** scientist

científico, -a scientific

cierto, -a certain, a certain; **lo — es que** the fact is that; **es —** it is true

ciertamente truly, to be sure
cima *f.* peak, point
cimiento *m.* foundation
cincuenta fifty
circo *m.* arena, circus
circulación *f.* circulation
círculo *m.* circle
circunstancia *f.* circumstance
Cisneros: Francisco Jiménez de Cisneros (1437–1517), *Spanish cardinal, humanist and statesman*
cisterciense *m.* Cistercian, *religious of the Order of Cîteaux*
ciudad *f.* city; — universitaria university city
ciudadanía *f.* citizenship
civilización *f.* civilization
civilizador, -ora civilizing
civilizar civilize
claramente clearly
claridad *f.* clarity, clearness
claro, -a clear
clase *f.* class, kind; de toda — of all kinds; — baja lower class; — elevada upper class
clásico *m.* classic
clásico, -a classic(al)
claustro *m.* cloister
clave *f.* key
clero *m.* clergy
clima *m.* climate
clínico, -a clinical
cluniacense *m. religious of the Congregation of Cluny*
Cluny: *famous Benedictine abbey in Burgundy, France*
cobre *m.* copper
codicia *f.* covetousness
codiciar covet, desire
código *m.* code
Coello: Claudio Coello (1621–1693), *Spanish painter*
coger seize, take
cohesión *f.* cohesion
colaboración *f.* collaboration
colaborador *m.* collaborator

colaborador, -ora collaborating
colección *f.* collection
colectivo, -a collective
colegio *m.* college, school
cólera *m.* anger, rage
colocar place, put; rank
Colombia: *country in South America*
Colón: Cristóbal Colón Christopher Columbus (1451–1506), *discoverer of the New World;* Fernando — Ferdinand Columbus, *son of the discoverer, and founder of the Colombina Library at Seville*
colonia *f.* colony
colonización *f.* colonization
colonizador *m.* colonizer
colonizador, -ora colonizing
colonizar colonize, settle
color *m.* color; aspect; tiene — de realidad is very realistic
colorido *m.* color, coloring
colorista *m.* colorist
columna *f.* column
combate *m.* battle
combatir fight, struggle, wage war
combinar combine, unite
comedia *f.* comedy, play
comendador *m.* commander
comentar comment, discuss
comenzar begin
comer eat
comercial commercial
comerciante *m.* merchant, trader
comerciar engage in commerce, trade
comercio *m.* commerce, trade
cometer commit, do
comienzo *m.* beginning, start
comité *m.* committee
como as, like, such as; since; in what manner; — si as if
¿cómo? how? what?
compañero *m.* companion, comrade
compañía *f.* company; society; Compañía de Jesús Society of Jesus
comparar compare
comparativo, -a comparative

Vocabulario

compatriota *m.* fellow-countryman
compendio *m.* compendium, summary
compensar make up for
competir compete, vie
complaciente tolerant
completamente completely
completo, -a complete, entire; por — completely
complicado, -a complicated
componer compose, prepare, write
composición *f.* composition; group
compositor *m.* composer
comprender comprise, include; realize, understand; se comprende it is natural, it is evident
comprensión *f.* comprehension, understanding
compuesto, -a composed, written; consisting (of)
compuso, compusieron *from* componer
común common
Comunero *m.: Castilian insurgent of the rebellion of 1520*
comunicación *f.* communication
comunidad *f.* community
comunista *m.* communist
comunmente commonly
con by, in, with
concebir conceive, understand
conceder bestow, give, grant
concejo *m.* assembly, council of a municipality
concentración *f.* concentration
concentrar concentrate
concepción *f.* conception
concepto *m.* concept, opinion
concertar agree, combine
concesión *f.* concession, grant
conciencia *f.* conscience
conciliar reconcile; win (over)
concilio *m.* council
conclusión *f.* conclusion
concurrido, -a crowded, filled with people
concurrir assemble, gather
condado *m.* county, earldom

conde *m.* count
condenado *m.* condemned *or* damned person
condenar condemn, damn; censure, disapprove
condestable *m.* constable; — de Borbón Constable of Bourbon (1490–1527), *French nobleman in the service of Charles V*
condición *f.* condition, state; stipulation; a — de que provided that, on condition that; de — pacífica of peaceful disposition
condicionar prepare; produce
conducir carry, lead, take
conducta *f.* behavior, conduct
conducto *m.* channel, means, way
conferir bestow, confer
confesor *m.* confessor
confianza *f.* confidence, faith
confiar confide, entrust
configuración *f.* arrangement, configuration; de — tan variada of varied landscape
confirmar (en) confirm, ratify; le confirmaron en los cargos they confirmed his titles
conflicto *m.* conflict
conjunto *m.* ensemble, whole; al — group
conjuración *f.* conspiracy
conmemoración *f.* commemoration
conocedor, -ora judge, with better knowledge
conocer be acquainted with, know
conocido, -a known, well-known
conocimiento *m.* knowledge
conquista *f.* conquest
conquistador *m.* conqueror
conquistador, -ora conquering
conquistar acquire, conquer
consciente conscious
consecuencia *f.* consequence; a — de as a result of, following
conseguir attain, obtain, succeed in
consejero *m.* adviser, counsellor

223

consejo *m.* council; **Consejo de los Grandes** Council of Noblemen
consentimiento *m.* assent
conservación *f.* preservation
conservador, -ora conservative
conservar keep, maintain, preserve
consideración *f.* account, consideration
considerar consider, look upon, regard
consigo with himself, herself, yourself, yourselves, themselves
consiguiente: por — consequently, therefore
consiguió, consiguieron *from* conseguir
consistir (en) consist (of)
conspiracion *f.* conspiracy
constante constant, continuous
constantemente constantly
Constantinopla Constantinople, *modern* Istambul
constar consist
constitución *f.* constitution
constitucional constitutional
constituir constitute, turn to be
construcción *f.* construction, building
constructivo, -a constructive
construir build
consultar consult
consultivo, -a advisory
contacto *m.* contact
contar count; relate, tell; consider; **—se** be; **— con** have; count on; **contaba el rey diez y ocho años** the King was eighteen years old; **se cuenta** it is said
contemplar contemplate, gaze upon
contemporáneamente at present
contemporáneo *m.* contemporary
contemporáneo, -a contemporary
contener contain
contestar answer
contienda *f.* dispute, strife, struggle
continente *m.* continent
continuación *f.* continuation
continuador *m.* continuer *(man)*
continuadora *f.* continuer *(woman)*

continuar carry on, continue
continuidad *f.* continuity
continuo, -a continual, constant
contra against, contrary to; **en — de** against, in opposition to
contraataque *m.* counterattack
contradicción *f.* contradiction, opposition
contradictorio, -a contradictory
contrario, -a contrary; **de lo —** otherwise; **por lo —** on the contrary
Contrarreforma *f.* Counter-Reformation
contraste *m.* contrast
contratación *f.* commerce, trade
contribución *f.* contribution; tax
contribuir contribute
convencer convince
convención *f.* convention
convencional conventional
convenio *m.* agreement, pact
convenir be proper, be suitable, be well
convento *m.* convent, monastery
conversación *f.* conversation
convertir(se) change, convert; become
convidado *m.* guest
convivencia *f.* living together
convocar convene, convoke, summon
cooperar co-operate
copia *f.* copy; **a la — de** to copy
copla *f.* stanza, strophe
corazón *m.* heart
cordillera *f.* mountain range
Córdoba Cordova, *city and province in southern Spain, famous as a center of learning in the Middle Ages and capital of the Western Caliphate* (756–1031)
cordobán *m.* Cordovan leather
Corneille: Pierre Corneille (1606–1684), *French dramatist*
coro *m.* choir
corona *f.* crown; throne
coronación *f.* coronation
Coronado: *see* **Vázquez de Coronado**
coronar crown
correría *f.* hostile incursion, raid

Vocabulario

corresponder correspond
corriente *f.* current; course; — del Golfo
  Gulf Stream
corriente common, current
corsario *m.* corsair, pirate, privateer
cortar cut, cut off
corte *f.* court; Cortes parliament; Cortes
  Constituyentes National Constituent
  Assembly
Cortés: Hernán Cortés (1485–1547), *con-*
  queror of Mexico
corto, -a brief, short
Coruña (la): *seaport city in northwestern*
  Spain
cosa *f.* thing; affair
costa *f.* coast, shore; cost; a — de at
  the cost of; a toda — at any price, at
  all costs
costero, -a situated on the coast
costoso, -a costly, expensive
costumbre *f.* custom, usage
costumbrismo *m.: the portrayal of customs*
  and manners of a particular Spanish re-
  gion
costumbrista *m.* portrayer of customs
Covadonga: *cave and sanctuary near Cangas*
  de Onís in Asturias, northern Spain, where
  Pelayo defeated the Moors in 718
creación *f.* creation
creador *m.* creator
creador, -ora creating, creative
crear create, establish, found
crecer grow, increase
crecido, -a large
creencia *f.* belief
creer believe, think; como él se creyera
  con derechos as he believed he had
  a claim
creyó, creyera, creyeron *from* creer
crimen *m.* crime, offense
crisis *f.* crisis
cristiandad *f.* Christendom
cristianismo *m.* Christianity
cristianizar Christianize
cristiano *m.* Christian
cristiano, -a Christian

Cristina Christina, Christine
Cristo Christ
crítica *f.* criticism, critical analysis
crítico *m.* critic
crítico, -a critical
crónica *f.* chronicle
cronológico, -a chronological
crucificado, -a crucified
crudo, -a crude, raw
cruel cruel
crueldad *f.* cruelty
cruelmente cruelly
cruento, -a bloody, inhuman
cruz *f.* cross
cruzada *f.* crusade
cruzado *m.* crusader
cruzar cross
cuadrado, -a square
cuadro *m.* painting, picture; — de
  costumbres brief description of manners and customs
cual which
¿cuál? what? which?
cualidad *f.* quality
cualquier(a) any, anyone
cuando when
¿cuándo? when?
cuanto, -a as much, as many as, all that;
  en cuanto as soon as; en cuanto a
  with regard to; por cuanto since; unos
  cuantos a few; cuantos, -as (all) those
  who
¿cuánto, -a? how much? how long?
  pl. how many?
cuartel *m.* barracks
cuarto *m.* quarter
cubrir cover
cuenta *f.* account; darse — de realize;
  por — propia on (his) own account
cuento *m.* story, tale
cuero *m.* leather
cuerpo *m.* body; corps; — a — hand to
  hand
cuestión *f.* problem, question
cuestionario *m.* questionnaire
cueva *f.* cave

225

cuidado *m.* attention, care; al — de in the care of

culminar climax, culminate, end

culteranismo *m.: affected and pedantic style*

cultivable tillable

cultivador *m.* advocate, cultivator; representative

cultivadora *f.* advocate, cultivator (*woman*)

cultivar cultivate, raise, till, foster

cultivo *m.* cultivation; study; product

culto, -a cultured, educated, learned

culto *m.* worship

cultura *f.* culture

cumbre *f.* peak, summit; en la — at the height

cumplidor *m.* one who keeps a promise (*man*); estricto — de su palabra absolutely reliable

cumplidora *f.* one who keeps a promise (*woman*)

cumplir fulfil; attain; carry out

curar cure

curso *m.* course, current

curvo, -a curve, curved

cuyo, -a whose, of which, of whom

CH

chico, -a small, short

Chile *m.: country in South America*

chocar clash

churrigueresco, -a churrigueresque, in the manner of Churriguera

D

dama *f.* lady, woman; — de Elche Lady of Elche, *piece of Iberian sculpture*

Damasco Damascus (*Syria*)

Danubio *m.* Danube

dar give; cause; —se occur, take place; —se a conocer become known; —se cuenta realize; — a conocer make known; — fin a finish, end; — paso a give way to; — principio a begin, initiate

Darío: Rubén Darío (1867–1916), *Nicaraguan poet, whose ral name was* Félix Rubén García Sarmiento

d. de C. = después de Cristo A.D.

de from, of; about; by, for; than; as; in, on; with, to

Dei gratia rex [*Latin*] King by the grace of God

De Indis et iure belli [*Latin*] On the Indians and the Law of War

deber owe; must, ought; be due; debió ser must have been

deber *m.* duty

debido a due to (the fact)

débil weak

debilitar(se) weaken, relax

debilidad *f.* weakness

decadencia *f.* decadence, decline

decadente decadent, declining

decaer decay, decline, fall into decay

decaimiento *m.* decay, fall

decena *f.* decade

decidido, -a determined, resolute

decidir decide, resolve

decir say, tell; es — that is to say; in other words; por lo dicho according to what has been said

decisivo, -a deciding, decisive

declarar(se) declare, manifest; decide to be

decoración *f.* ornament, decoration

decorado *m.* ornament

decorar adorn, decorate

decorativo, -a decorative, ornamental

decretar decree; decide

decreto *m.* decree, law

dedicar dedicate, devote

defecto *m.* defect

defender defend

defensa *f.* defense

defensivo, -a defensive

defensor *m.* defender

defensor, -ora defending, supporting

defensora *f.* defender

Vocabulario

definitivamente forever, permanently
definitivo, -a definitive, final
defraudar cheat, defraud; **no tardaron en defraudarse las esperanzas** very soon the hopes were shattered
degenerar decay, degenerate
dejar allow, leave, let; **— de** fail to; cease, stop; **—se sentir** to be felt
delicado, -a delicate
delicioso, -a delightful
demagógico, -a demagogic
demás other, rest; remaining
demasiado too, too much
democrático, -a democratic
demostrar prove, show
densidad *f.* density
dentro (de) inside, within
derecha *f.* right; **las —s** conservative parties
dependiente dependent, subordinate
derecho *m.* law, right; claim, privilege; **— internacional de gentes** international law; **se creía con —s** he thought he had a claim
derivar derive
derramamiento *m.* shedding
derramar expend, spread, spill, shed
derribar overthrow, throw down
derrota *f.* defeat, rout
derrotar defeat, rout
derrumbamiento *m.* collapse
derrumbe *m.* collapse
desacierto *m.* error, mistake
desacreditado, -a discredited
desacuerdo *m.* disagreement, discordance
desagradable unpleasant
desalentar discourage, dismay
desaparecer disappear, vanish
desarrollar(se) develop, expound
desarrollo *m.* development
desastre *m.* disaster, misfortune
desastrosamente disastrously
desbordante overflowing, superabundance
descansar rest

descarriado: Guía de los —s *The Guide to the perplexed*
descender descend, go down
descendiente *m.* descendant
descentralización *f.* decentralization
descifrar decipher
desconfiado *m.* one having lack of faith, distrustful
desconfiado, -a lacking in faith
desconfiar mistrust
desconocer be unfamiliar (with); **se desconoce** it is not known
desconocido, -a unknown
descontento *m.* discontent
descontento, -a discontented
describir describe, relate
descripción *f.* description
descubierto, -a discovered
descubridor *m.* discoverer
descubrimiento *m.* discovery
descubrir discover, find
descuidado, -a careless
descuidar neglect
desde from, since; **— luego** of course
deseado *m.* desired one, longed for one
desear desire, wish
desembarcar land
desembocadura *f.* rivermouth
desembocar empty into
desempeñar discharge, perform
desenvolver(se) develop, evolve
deseo *m.* desire
deseoso, -a desirous
desfavorable unfavorable
desgracia *f.* disfavor, disgrace; misfortune
desigualmente unequally, unevenly
desilusionado, -a discouraged
desinteresado, -a disinterested
desmoralización *f.* demoralization
desnudo *m.* naked figure, nude
desorientado, -a confused
despertar arouse, awaken, awakening
despiadado, -a merciless, pitiless
despoblar(se) become depopulated
desposeer dispossess, oust

227

despotismo *m.* despotism

desproporcionadamente out of proportion

desprestigiar lose reputation, be unpopular

después after, afterwards; — de after, next to

desquiciado, -a upset, unsettled

destacar(se) stand out

desterrado *m.* exile, exiled person

desterrar banish, exile

destierro *m.* exile

destino *m.* destiny; call, course

destronar dethrone, overthrow

destrucción *f.* destruction

destructor *m.* destroyer

destruir demolish, destroy

detalle *m.* detail, fragment

detener(se) stop

determinar determine

devoción *f.* devoutness, piety

devolver give back, return

día *m.* day; el — de mañana (in) the future; hoy — nowadays

diablo *m.* devil

dialecto *m.* dialect

dialogado, -a dialogued, in the form of a dialogue

diciembre *m.* December

dictadura *f.* dictatorship

dictamen *m.* opinion

dictar dictate

dicho *(from* decir); como queda — as stated before; lo — what has been said

diecinueve nineteen

diezmo *m.* tenth part, tithe

diferencia *f.* difference

diferencial differential

diferenciar differentiate, distinguish

diferente different

difícil difficult, hard

dificultad *f.* difficulty

difundir diffuse, spread; encourage

difusión *f.* diffusion, extent, spread

dignamente with dignity

dignatario *m.* dignitary, official

dignidad *f.* dignity; honor, office, rank

digno, -a dignified; worthy

dinastía *f.* dynasty; — austríaca House of Hapsburg

dinástico, -a dynastic(al)

Dios *m.* God

diplomacia *f.* diplomacy

diputación legislative building of a province

diputado *m.* deputy, representative (in Parliament)

dirección *f.* direction; command

directamente directly

directo, -a direct(ly)

director, -ora leading, guiding

directorio *m.* directorate

dirigir direct, guide, lead; — se a go, make one's way to

disciplina *f.* discipline

discípulo *m.* disciple, follower, student

díscolo, -a discontent, rebellious

discordia *f.* discord, quarrel

discutir argue, discuss

disensión *f.* quarrel, strife

disfrutar enjoy

disfrute *m.* enjoyment

disolver dissolve

disociación *f.* disunity, dissociation

dispensar give, grant

disperso, -a dispersed, scattered

disponer(se) get ready, prepare, have

dispuesto *from* disponer

dispuso *from* disponer

disputa *f.* dispute, quarrel

disputar contest, dispute

distancia *f.* distance

distinción *f.* distinction

distinguido, -a distinguished, notable

distinguir distinguish

distintivo, -a characteristic

distinto, -a different, distinct

distribución *f.* allotment, distribution

distribuir deal out, distribute

disturbio *m.* disturbance

diverso, -a different, diverse

Vocabulario

dividir divide, split; lo dividido what
  had been divided
divinidad *f.* divinity
divino, -a divine
divisar(se) distinguish, see
división *f.* division
doctrina *f.* doctrine
documento *m.* document, record
dolora *f.: short poem of dramatic spirit, invented by Campoamor, containing a philosophic thought*
doloroso, -a painful
dominación *f.* domination, power, rule
dominante dominant, prevailing
dominar dominate, govern; repress
domingo *m.* Sunday
dominio *m.* dominion, power, rule, territory, mastery
don *m.* Sir, *title used only before baptismal
  name*
donativo *m.* donation, gift
donde where; por — through which
¿dónde? where?
dondequiera anywhere, wherever
doña *f.* Lady, *title used only before baptismal name*
doquiera = dondequiera everywhere
dote *f.* dowery; —s talents
Drake: Sir Francis Drake (1540–1596),
  English pirate
drama *m.* drama, play
dramático, -a dramatic
dramatismo *m.* dramatic effect
dramaturgo *m.* dramatist, playwright
duda *f.* doubt
dudar doubt, hesitate
dueño *m.* master, owner; hacerse — de
  take possession of; become master of
Duero *m.* Douro River, *running west-
  ward through Spain and Portugal*
Duguesclin: Beltrán Duguesclin Bertrand
  Du Guesclin (*died* 1380), *Constable of
  France*
duque *m.* duke
duración *f.* duration
duradero, -a lasting

durante during, for
durar endure, last
duro, -a harsh, oppressive, severe

E

e (*before* i *and* hi) and
Ebro *m.: river in northeastern Spain*
eclesiástico *m.* clergyman, priest
eclesiástico, -a ecclesiastic(al)
eclipsar eclipse; outshine
economía *f.* economy
económico, -a economic(al)
economista *m.* economist
echar throw; lay, put; — los cimientos
  lay the foundations; — raíces take
  root; — una mirada cast a glance
edad *f.* age; mayor de — of age; menor
  de — under age
Edad Media Middle Ages; alta — early
  Middle Ages; baja — late Middle
  Ages
edificar build
edificio *m.* building
Eduardo Edward; — III Edward III
  (1327–1377), *King of England*
educación *f.* education
educar bring up, educate
efecto *m.* effect, result; en — as a matter
  of fact
eficaz effective
efigie *f.* effigy, image
Egipto Egypt
ejecutar execute
ejemplo *m.* example
ejercer exert; exercise, practice
ejercicio *m.* exercise; practice
ejercitar exercise
ejército *m.* army
Elche: *town in the province of Alicante, in
  southeastern Spain*
elección *f.* election
electivo, -a elective
elegir choose, elect
elemento *m.* element; — de unión link

229

elevado, -a high; upper, lofty
elevar raise; —se rise
eligió *from* elegir
elocuente eloquent
embajador *m.* ambassador
embalse *m.*dam
embarcación *f.* ship
embargo: sin — however, nevertheless
embellecimiento *m.* embellishment
emigrar emigrate
eminente eminent, famous
emir *m.* emir
emirato *m.* emirate
emisario *m.* messenger
emitir emit, express; emitió dictamen adverso rejected the proposals
emoción *f.* emotion, feeling
empedrado *m.* stone pavement; — de las calles street-paving
empeñar pledge
empeño *m.* determination; poner — apply oneself, strive
empeorar get worse; make worse
emperador *m.* emperor
empezar begin
emplazado *m.* one who has been summoned
emplazar summon
emplear employ, use
empleo *m.* usage, use
empobrecimiento *m.* impoverishment
emprender engage in, undertake
empresa *f.* task, undertaking
en in, into, on; at; with
enamorado, -a in love
enano *m.* dwarf
encantador, -ora charming, fascinating
encanto *m.* charm
encargar(se) charge, order; entrust; take charge
encarnar embody, incarnate
enciclopédico, -a encyclopedic
encima (de) above, on top (of), over; por — above, over
Encina: Juan del Encina (1469–1539), *poet and dramatic writer*

encomendar entrust
encontrar find, meet; —se be
encuentro *m.* encounter, fight
enemiga *f.* enemy
enemigo *m.* enemy
enemigo, -a hostile, opposed, unfriendly
enemistad *f.* enmity, hatred
energía *f.* energy
enérgico, -a energetic, lively, vigorous
enero *m.* January
enfermedad *f.* illness
enfermizo, -a sick, sickly
engrandecimiento *m.* aggrandizement
enlace *m.* link; —s matrimoniales marriages
enorgullecerse be proud
enorme enormous, great, huge
Enrique Henry
enriquecer enrich; —se become rich
ensanchar extend, widen
ensayista *m.* essayist
ensayo *m.* essay
Ensenada: Marqués de la Ensenada (1702–1781), *Spanish statesman*
enseñanza *f.* instruction, teaching, learning, education; — media secondary education
entablar establish; begin, start
entender understand
entereza *f.* firmness
enterrar bury
entierro *m.* burial
entonces at that time, then; de — of that time; desde — from then on; por — at (about) that time
entrada *f.* entrance
entrambos, -as both
entrar (en) enter, go in; begin
entre among, between; — tanto meanwhile
entregar deliver; —se give up, surrender; hand over
entretanto meanwhile
entrevistarse have an interview
entusiasmo *m.* enthusiasm
enumerar enumerate

Vocabulario

envalentonado, -a emboldened
enviar send
envidia *f.* envy
envolver carry, lead; wrap, involve
envuelto, -a involved, implicated
épico, -a epic(al), heroic
epigramático, -a epigrammatic
episódico, -a episodic
episodio *m.* episode, incident
espístola *f.* epistle
época *f.* age, epoch, period, time
epopeya *f.* epic, epic poem
era *f.* epoch, era
error *m.* error, mistake
erudito *m.* man of letters, scholar
esbozar outline, sketch
escalera *f.* stairs
escapar escape
escasear (de) be scarce, lack; escasea
   de lluvias where rains are scarce
escaso, -a limited, rare, scarce; little
escena *f.* scene, view; stage; aparece en
   — comes to the front
escéptico, -a sceptic(al)
Escipión: — Emiliano Scipio Aemilianus
   (185?–129 B.C.), *Roman general*
escoger choose, select
Escorial (el): *town about thirty miles northwest of Madrid, famous for its monastery-
   palace*
escribir write
escrito *from* escribir
escritor *m.* writer
escritura *f.* art of writing, document
escrupuloso, -a scrupulous; poco escrupuloso unscrupulous
escuadra *f.* fleet
escudo *m.* shield; coat-of-arms, escutch-
   eon
escuela *f.* school
escultor *m.* sculptor
escultura *f.* sculpture
esencia *f.* essence
esencial essential
esencialmente essentially
esfera *f.* sphere; condition

esfuerzo *m.* attempt, effort
eso: por — for that reason, therefore
espacio *m.* period, space; por — de
   during
espada *f.* sword; buena — good swords-
   man
España *f.* Spain, Nueva — Mexico *(in
   colonial times)*
español *m.* Spanish; Spanish language
español, -ola Spanish
españolismo *m.: spirit or characteristics
   peculiarly Spanish*
españolista peculiarly Spanish
Espartero: Baldomero Espartero (1792–
   1879), *Spanish statesman and general who
   brought about the end of the first Carlist
   war (1839)*
especial special
especialmente specially
especie *f.* species; kind
espectáculo *m.* show, performance; —
   de circo Roman amphitheatre
espera *f.* waiting
esperanza *f.* hope
esperar hope; wait, expect
esperpento *m.* absurdity
espíritu *m.* soul, spirit
espiritual spiritual
espiritualidad *f.* spirituality
esplendidez *f.* brilliancy, splendidness
espléndido, -a magnificent, splendid
esplendor *m.* greatness, splendor
espontáneo, -a spontaneous
esposa *f.* wife
esposo *m.* husband; —s husband and
   wife
esqueleto *m.* skeleton
esquematizado, -a schematized
estable stable, firm
establecer establish, found
establecimiento *m.* establishment
estación *f.* season; — del frío cold season
estadista *m.* statesman
estado *m.* nation, state, territory; condition
Estados Unidos *m. pl.* United States

231

estallar break out
estancar stall
estaño *m.* tin
estar be
estatua *f.* statue
éste, ésta the latter
este *m.* east
Estébanez Calderón: Serafín Estébanez
Calderón, *called* El Solitario (1779–
1867), costumbrista *writer*
estéril fruitless, sterile, uncultivated
estético, -a aesthetic
estilizado, -a stylized
estilo *m.* style
estimación *f.* estimation
estimar esteem
estimular encourage, stimulate
estoico, -a stoic(al)
Estoria = Historia
estratégico, -a strategic
estrecho strait
estrella star
estreno *m.* first performance
estricto, -a strict
estructura *f.* structure
estudiante *m.* student
estudiar study
estudio *m.* study
estúpido, -a stupid
estuvo, etc. *from* estar
etc. = et caetera and so forth
eterno, -a eternal, perpetual
etimología *f.* etymology
étnico, -a ethnical, racial
Europa *f.* Europe
europeización *f.* becoming European-
ized
europeo, -a European
evangelio *m.* gospel
evidente evident
evitar avoid, spare
evolucionar develop
exactitud *f.* accuracy, exactness
exacto, -a accurate, exact; faithful
exageración *f.* exaggeration, excess
exagerado, -a exaggerated

exaltación *f.* exaltation
exaltado, -a exalted, extreme
exaltar exalt, raise
examinar examine, study
excelencia *f.* excellence; por — par excellence
excelente excellent, fine, worthy
excepción *f.* exception
excepto except
excesivo, -a excessive
exceso *m.* excess
excitar excite, rouse
exclusión: con la — de to the exclusion
of
exclusivamente exclusively
exención *f.* exemption
exigente exacting
exigir demand, require
existencia *f.* existence, life
existente existent, that exists
existir be, exist
éxito *m.* success
expansión *f.* expansion, extension
expedición *f.* expedition
expensa *f.* cost, expense; a —s de at
the expense of
experiencia *f.* experience
experimento *m.* experiment
explicar explain
explorador *m.* explorer
explorador, -ora exploring
explotación *f.* exploitation, working
explotar develop, exploit
exponer explain, expound
exportar export
expresar express, state
expresión *f.* expression
expresivo, -a expressive
expulsar drive out, expel
expulsión *f.* expulsion
extender(se) expand, extend, spread
out, stretch out
extensión *f.* extension; — superficial
area
extenso, -a extensive, vast, wide
exterior *m.* outside; abroad

Vocabulario

exterminio *m.* extermination, destruction

extinguir extinguish

extraer extract, take out

extranjero *m.* foreigner, foreign lands; del — from abroad; en el — abroad

extranjero, -a foreign

extrañar be surprised, wonder

extraño, -a foreign; strange

extraordinario, -a extraordinary

extravagante extravagant

extremadamente extremely

Extremadura: *region in western Spain*

extremo *m.* extreme, far; Extremo Oriente Far East

F

fábrica *f.* factory

fabricación *f.* make, manufacture

fabuloso, -a legendary, fabulous

fácil easy

facilidad *f.* ease

facilitar facilitate, supply

factor *m.* cause, element, factor

factoría *f.* factory, *trade center established on the coast of foreign countries*

fachada *f.* façade

falangista *m.* phalangist *(Spanish fascist)*

falsamente falsely

falta *f.* fault; lack

faltar be lacking, lack; be necessary; — a fail to *or* in

falto, -a devoid, lacking

fama *f.* fame, renown

familia *f.* family

famoso, -a famous

fanático, -a fanatic

fanatismo *m.* fanaticism

fantasía *f.* fantasy, imagination

fantástico, -a fantastic

fascinar fascinate

favor *m.* favor; a — de in favor of; en — de in behalf of

favorecer aid, favor

favorito *m.* favorite

fe *f.* faith

fecundo, -a fertile, prolific

fecha *f.* date

federación *f.* federation

Feijóo: Benito Jerónimo Feijóo (1676–1764), *Spanish author and philosopher*

Felipe Philip

femenino, -a feminine

fenicio *m.* Phoenician

fenicio, -a Phoenician

feo, -a ugly

Fernán Ferdinand

Fernández de Córdoba: Gonzalo Fernández de Córdoba (1453–1515), *Spanish general, called* el Gran Capitán

Fernando Ferdinand

Ferrara: *city in Italy*

férreo, -a iron, of iron

fértil fertile

ferviente fervent

fervor *m.* fervor, zeal

feudatario, -a feudatory

ficticio, -a false, fictitious

fidelidad *f.* fidelity, loyalty

fiel faithful, loyal

fiesta *f.* feast, feast-day, festival, holiday

figura *f.* figure; character, personality

figurar figure, rank; be, be conspicuous

fijar establish, fix, settle

Filipinas *f. pl.* Philippines

filología *f.* philology

filólogo *m.* philologist

filosofía *f.* philosophy

filosófico, -a philosophic(al)

filósofo *m.* philosopher

fin *m.* end; purpose; a — de (que) in order to; a —es de at the end of; dar — a end; al — at last, finally; al — de at the end of; en — in short; por — finally

finalmente finally

fino, -a sharp; subtle

firmar sign

firme firm, solid

físico, -a physical; corporal

flamenco, -a Flemish

Flandes Flanders

flexibilidad *f.* flexibility

flora *f.* flora

florecer bloom, flourish; be at its best

floreciente flourishing, prosperous

florecimiento *m.* development, flowering

Floridablanca: Conde de Floridablanca (1730–1808), *Spanish statesman under Charles III and Charles IV*

flota *f.* fleet

foco *m.* center; source

fomentar encourage, promote

fondo *m.* bottom; manner, way; content; a — thoroughly; en el — at bottom, at heart; —s funds, resources

fonético, -a phonetic

forestal: repoblación — reforestation

forma *f.* form, manner, way; style

formación *f.* development, formation; training

formar form, shape, take form

fórmula *f.* formula

fortaleza *f.* fortress

fortuna *f.* fortune

Fortuny: Mariano Fortuny (1838–1874), *Spanish painter*

fracasado, -a defeated, unsuccessful

fracasar fail

fracaso *m.* failure

fraccionamiento *m.* breaking up

fraccionar divide

fragmento *m.* fragment

fraile *m.* friar

francés *m.* Frenchman; French language

francés, -esa French

Francia *f.* France

franciscano *m.* Franciscan, *religious of the Order of Friars Minor*

Francisco Francis; — I Francis I (1515–1547), *King of France*

franco *m.* Frank

Franco Condado *m.* Franche-Comté, *region in eastern France under Spanish rule until the time of Louis XIV*

frase *f.* phrase; expression

fratricida fratricidal

fray: *apocopated form of* fraile friar, *used before name of religious of certain orders*

frecuencia frequency; con — frequently, often

frecuente frequent

frente *m.* front; al — de at the head of, in charge of; — a facing, confronting

frialdad *f.* coldness

frío *m.* cold

frío, -a cold; colorless

frivolidad *f.* frivolity

frívolo, -a frivolity

frontera *f.* border, frontier

fronterizo, -a frontier; romances fronterizos frontier ballads

fruto *m.* fruit, result

fué, fuera, fueron, fuese *from* ser *or* ir

fuego *m.* fire

fuente *f.* fountain; source

Fuente Ovejuna: *town in the province of Cordova, in southern Spain*

fuera (de) outside (of), besides; de — from abroad, from the outside

fuero *m.* law, special privilege

fuerte powerful, strong; severe, violent

fuerza *f.* force, power, strength; —s forces, troops; por la — de las armas by force of arms

función *f.* function

funcionario *m.* functionary, official

fundación *f.* establishment, foundation

fundador *m.* founder

fundamentalmente fundamentally

fundar establish, found; base

furioso, -a fierce

fusilamiento *m.* shooting

fusión *f.* fusion, melting

futuro *m.* future

G

galaico-portugués, -esa Gallician-Portuguese (language)

Vocabulario

galante gallant
Galdós: *see* **Pérez Galdós**
galeón *m.* galleon
Galicia: *region in northwestern Spain*
gallego *m.* Galician, native of Galicia;
Galician language
gallego, -a Galician
ganadería *f.* cattle-raising, stock-raising
ganado *m.* cattle, live stock; — caballar
horses; — de cerda hogs, swine; —
lanar sheep; — vacuno cattle
ganancia *f.* earnings, profit
ganar gain, win, conquer
garantizar assure, guarantee
García: Vicente García *(XVIIIth century),
Spanish musician;* Antonio García
Gutiérrez (1813–1884), *Spanish poet
and dramatist*
Garcilaso de la Vega: *Spanish poet and
soldier* (1501?–1536)
Garellano *m.: river in southern Italy*
gastar consume, spend, waste
gasto *m.* expenditure, expense
gaviota *f.* gull
generación *f.* generation
general *m.* general
general general; por lo — as a rule,
generally, usually
generalmente generally, usually
género *m.* art, genre, kind, manner,
style, type
generoso, -a generous, noble
genial brilliant, genial
genio *m.* genius; character, tempera-
ment
Génova Genoa, *seaport city in Italy*
genovés, -esa Genoese
gente *f.* people
genuinamente genuinely
geografía *f.* geography
geográficamente geographically
geográfico, -a geographical
geométrico, -a geometric
germánico, -a German, Germanic
Gerona: *city and province in northeastern
Spain*

Gibraltar: *town and fort formerly belonging
to Spain and now belonging to Great Brit-
ain, in the south of the Iberian peninsula;*
Estrecho de — Strait of Gibraltar
gigantesco, -a gigantic
Ginebra Geneva (Switzerland)
gitano *m.* gypsy
gloria *f.* glory
glorificación *f.* glorification
glorificar exalt, glorify
gloriosamente gloriously
glorioso, -a glorious
gobernador *m.* governor
gobernante *m.* leader, ruler, statesman
gobernar govern
gobierno *m.* government, rule
godo, -a Goth(ic)
Godoy: Manuel Godoy (1767–1851),
Spanish statesman
golfo *m.* gulf
golpe *m.* blow; — de estado coup d'état
gongorismo *m.* gongorism, *ultra-refined
and artificial style of poetry*
gota *f.* drop
gótico, -a Gothic
grabado *m.* engraving; illustration
gracia *f.* charm, grace, wit; —s thanks
grácil gracile, slender
gracioso, -a graceful; amusing
grado *m.* degree, grade, rank
gran: *apocopated form of* grande
granada *f.* pomegranate
Granada: *city and province in southern
Spain, once capital of a Moorish kingdom;*
Nueva — New Granada, *viceroyalty in
northwestern South America*
granadino *m.* native of Granada
granadino, -a pertaining to Granada
grande *m.* grandee, nobleman *(of the
highest rank)*
grande great, large, wide
grandemente greatly
grandeza *f.* greatness, magnificence
grandioso, -a grand, great, magnificent
grandísimo, -a very great
granero *m.* granary

235

Granja *f.: site of one of the royal palaces, in the province of Segovia*

grave solemn, grave, serious

gravedad *f.* loftiness, seriousness

Grecia *f.* Greece

grecorromano, -a Greco-Roman

Gregorio Gregory

griego *m.* Greek

griego, -a Grecian, Greek

grito *m.* cry, shout; **se dió el —** the cry arose

grotesco, -a grotesque

grueso, -a thick

grupo *m.* group

Guadalete *m.: river in southwestern Spain*

Guadalquivir *m.: river in Andalusia, southern Spain*

Guadarrama *m.: mountain range north of Madrid*

Guadiana *m.: river in Spain and Portugal that flows into the Atlantic*

Guam: *largest of the Marianas Islands, in the Pacific Ocean*

guardar guard, keep; uphold

guardia *m.* guard; **— de corps** guardsman

guardia *f.* guard; **Guardia Civil** Civil Guard, *body of rural police*

guerra *f.* war; **— de la Independencia** War of Independence, *waged between Spain, England, Portugal, and France* (1808–1814); **la Gran Guerra** the World War; **hacer la —** wage war

guerreador *m.* warrior

guerrear fight, wage war

guerrero *m.* warrior

guerrero, -a martial, warlike

guerrilla *f.* guerilla

guía *f.* guide

guillotina *f.* guillotine

gustar like, please; **— de** enjoy, like

gusto *m.* liking, pleasure, taste

236

H

Habana (la) Havana, *capital city of Cuba*

haber have; there to be; **— de** be to; **— que** be necessary

hábil capable, clever, talented

habitante *m.* inhabitant

habitar inhabit, live

habla *f.* language, tongue; **países de — española** Spanish-speaking countries

hablar speak; **del que ya se ha hablado** which has already been mentioned

hacendado *m.* property-owner

hacer do, make; cause, have; accomplish; **—se** become, grow; be made; **hace años** years ago

hacia to, toward; about

hacienda *f.* finance; public exchequer

Haití Haiti

hallar find; **—se** be

hambre *f.* hunger

Hartzenbusch: Juan Eugenio Hartzenbusch (1806–1880), *Spanish poet, dramatist, and critic*

Harvey: William Harvey (1578–1657), *English anatomist and physician*

hasta as far as, to, until, up; even; **— que** until; **¿— dónde?** how far?

hay there is, there are; **— que** one must

hazaña *f.* accomplishment, deed, exploit

hebreo, -a Hebrew

hecho *from* hacer

hecho *m.* event, exploit, fact

heredar inherit

heredera *f.* heiress

heredero *m.* heir

hereditario, -a hereditary

hereje *m.* heretic

herencia *f.* heritage, legacy

hermana *f.* sister

hermanastro *m.* half-brother

hermandad *f.* brotherhood

hermano *m.* brother; **—s** brother(s) and sister(s); **— de raza** of the same racial stock

hermosísimo, -a very beautiful

hermoso, -a beautiful

Hernán, Hernando Ferdinand

Vocabulario

héroe *m.* hero
heroicamente heroically
heroico, -a heroic
heroísmo *m.* heroism
herradura *f.* horseshoe
Herrera: Fernando de Herrera (1534–1597), *Spanish poet*
herreriano, -a after the style of Herrera, (*Juan de Herrera, architect of Philip II*)
hidalgo *m.* nobleman
hierro *m.* iron
higiene *f.* hygiene
hija *f.* daughter
hijo *m.* son; —s children
hipócrita *f.* hypocrite
hipócrita hypocritical
Hispania *f.: name given to the Iberian peninsula by the Romans*
hispánico, -a Hispanic, Spanish
hispanista *m.* Spanish scholar
hispano, -a Hispanic, Spanish
hispano-americano, -a Spanish-American
hispano-francés, -esa Hispanic-French
hispano-judío, -a Hispanic-Jewish
hispano-musulmán, -ana Hispanic-Mussulman
hispano-romano *m.* Hispano-Roman
hispano-romano, -a Hispano-Roman
hispano-visigodo (—visigótico, -a) Hispanic-Visigothic
historia *f.* history, story
historiador *m.* historian
histórico, -a historic(al)
Hita: *town in the Province of Guadalajara, in central Spain*
hizo, hicieran, hicieron *from* hacer
hogar *m.* home
Halanda *f.* Holland
holandés *m.* Dutchman, Dutch
holandés, -esa Dutch
hombre *m.* man; — de estado statesman
hombro: a —s on the shoulders
homogeneidad *f.* homogeneity, similarity
hondo, -a deep, low

honor *m.* honor
honra *f.* fame, honor
honrado, -a honorable
honrar to honor
horror *m.* horror
hospedería *f.* lodging
hospital *m.* hospital
Hospitalario *m.* Hospitaler (*member of the religious military order of the Knights of St. John of Jerusalem*)
hostil enemy, hostile, unfriendly
hostilidad *f.* hostility
hoy today; — día nowadays
hubo there was, there were
huelga *f.* strike (labor)
huella *f.* impression, influence, trace, track
hueso *m.* bone
hugonote *m.* Huguenot (*follower of Calvin in France*)
huída *f.* escape, flight
huir flee, run away
humanar humanize
humanidad *f.* humanity, mankind
humanista *m.* humanist(ic)
humanitario, -a humanitarian
humanizarse become human
humano, -a human
húmedo, -a damp, moist
humilde humble
humorada *f.: short poem of humorous, amorous, or philosophic nature, invented by Campoamor*
humorismo *m.* humor
humorístico, -a humorous
hundir(se) sink; be sunk

I

iba, iban *from* ir
Iberia *f.* Iberia (Spain and Portugal)
ibérico, -a Iberian; la (Cordillera) Ibérica the Iberian Mountains
ibero *m.* Iberian
idea *f.* conception, idea, talent

ideal *m.* ideal
idealismo *m.* idealism
idealizar idealize
idear devise
idioma *m.* language
iglesia *f.* church
ignorar be ignorant of, not to know
igual equal, like
igualdad *f.* equality
igualmente likewise, equally
ilusión *f.* illusion
ilustración *f.* picture, illustration
ilustrado, -a learned, well-informed
ilustre illustrious
imagen *f.* image, statue
imaginación *f.* imagination
imbécil imbecile
imbuir fill, imbue, inspire
imitación *f.* copy, imitation; a — de
    imitating, in imitation of
imitar follow, imitate
impaciencia *f.* impatience; con — im-
    patiently
imparcialidad *f.* impartiality
impedir keep from, prevent, prohibit
imperialista imperialistic
imperio *m.* empire; Imperio de Occidente
    Western Roman Empire
impetuoso, -a impetuous, impulsive
implantar implant, introduce
imponente imposing, impressive
imponer establish, impose; —se assert
    oneself
importancia *f.* importance
importante important
importar import; bring
imposible impossible
imprenta *f.* printing; printing-press
imprescindible essential, indispensable
impresión *f.* impression
impresionista impressionistic
impropiamente improperly, wrongly
impuesto *m.* tax
impuesto *from* imponer
impulso *m.* impetus, impulse; al — de
    impelled by

impunemente with impunity
impuso *from* imponer
inacabable endless
inaccesible inaccessible
inactivo, -a inactive
inagotable inexhaustible
inaugurar begin, inaugurate, introduce
inca pertaining to the Incas, *Peruvian
    Indians*
incansable indefatigable, tireless
incapacidad *f.* incapacity, incompetence
incapaz incapable, incompetent, un-
    able
incautar(se) take possession
incendiar burn, set on fire
inclinarse lean; be disposed
incluir(se) be included, include
incluso even, including
incompetente incompetent
incorporación *f.* incorporation
incorporar incorporate, unite; —se join,
    rejoin
increíble incredible
inculto, -a uncultivated
indeciso, -a irresolute, undecided
indefenso, -a defenseless
independencia *f.* independence
independiente independent
Indias *f. pl.* Indies, Spanish America;
    — Occidentales West Indies
índice *m.* list; index
indígena native
indigno, -a unworthy
indio *m.* Indian
indirectamente indirectly
indisciplina *f.* lack of discipline
indogermánico, -a Aryan, European,
    Indo-Germanic
indolente indolent, lazy
indomable indomitable, unconquerable
indudable certain, doubtless
indudablemente undoubtedly
indumentaria *f.* garbs, vestments
industria *f.* industry
industrioso, -a industrious

Vocabulario

ineptitud *f.* incompetence, ineptitude
inepto, -a inept, unfit
inercia *f.* inactivity, inertia
inestabilidad *f.* lack of stability
inexperto, -a inexperienced
infancia *f.* childhood, infancy
infanta *f.* princess
infante *m.* prince
infantería *f.* infantry
infiel *m.* infidel, unbeliever
infiltración *f.* infiltration
infiltrar(se) infiltrate
infinito, -a endless, infinite
influencia *f.* influence
influenciar influence
influir influence; — en affect
influjo *m.* influence
influyente influential
informe *m.* advice, information
infundir instill, infuse
ingeniero *m.* engineer
ingenioso, -a ingenious, talented
Inglaterra *f.* England
inglés *m.* Englishman
inglés, -esa English
inhospitalario, -a inhospitable
iniciar begin, be initiated, start
inicuamente shamelessly, wickedly
injustamente unjustly
injusto, -a unjust
inmenso, -a immense
inmortal immortal
inmortalidad *f.* immortality
inmortalizar immortalize
innovación *f.* innovation
inquebrantable undying
inquietar disturb; excite, stir up
inquietud *f.* inquietude, uneasiness
inquisición *f.* inquisition
insatisfacción *f.* discontent
inscripción *f.* inscription
inseguro, -a uncertain, insecure
insertarse to be inserted
insigne famous, notable, renowned
insignificante unimportant
insolencia *f.* insolence

inspiración *f.* inspiration
inspirador *m.* inspirer
inspirar inspire; —se find inspiration
instalación *f.* establishment, installation
instancia *f.* request; petition
institución *f.* institution
instituto *m.* institute; — de segunda enseñanza secondary school
instrucción *f.* education, instruction; learning
instruido, -a learned, well-educated
instrumento *m.* agent, instrument; means
insular insular; provincias —es the Balearic and Canary Islands
insuperable unsurpassable
insurrección *f.* insurrection, rebellion
integrado, -a formed, made up
integrante integrant, integral
integridad *f.* integrity
intelectual intellectual
intelectualidad *f.* intelligentsia
inteligencia *f.* intelligence
inteligente able, intelligent
intención *f.* intention; de buenas —es well-meaning
intensamente intensely
intensidad *f.* intensity
intenso, -a ardent, intense
intentar attempt, try
intento *m.* attempt; purpose
interés *m.* interest
interesante interesting
interesar interest; —se be *or* become interested
interior *m.* interior
interminable endless
internacional international
internarse enter, penetrate
interno, -a internal, inner
interoceánico, -a interoceanic
interpretación *f.* interpretation
interpretar express, interpret
intérprete *m.* interpreter
interrumpir interrupt

239

intervenir interfere, intervene

intestino, -a civil, internal, internecine

íntimo, -a intimate; innermost

intolerancia *f.* intolerance

intolerante intolerant

intrépido, -a daring, fearless

intriga *f.* intrigue, plot

introducción *f.* introduction

introducir bring in, introduce

introdujo, introdujeron *from* introducir

intruso *m.* intruder

inundar flood; fill

inútil useless

invadir invade

invasión *f.* invasion

invasor *m.* invader

invasor, -ora invading

invencible invincible

invención *f.* invention

inventar invent

inventor *m.* inventor

investigación *f.* investigation, research

investigador, -ora pertaining to investigation *or* research

invicto, -a invincible, unconquered

invitar invite

ir go; be

irlandés *m.* Irishman

irlandés, -esa Irish

ironía *f.* irony

irreconciliable irreconcilable

irresoluto, -a irresolute

Isabel Elizabeth, Isabella; — de Inglaterra Elizabeth, *Queen* of England (1533–1603)

isabelino *m.: supporter of Isabel II*

isla *f.* island, isle

Isla: José Francisco de Isla (1703–1781), *Spanish author, orator, and Jesuit priest*

istmo *m.* isthmus

Italia *f.* Italy

italiano *m.* Italian; Italian language

italiano, -a Italian

izquierda *f.* left; las —s the parties of the left

J

Jaime James

jamás never

jardín *m.* garden

jefe *m.* chief, leader

Jerez: *city in the province of Cádiz, in southwestern Spain, famous for its wines*

Jerusalén Jerusalem

Jesucristo Jesus Christ

jesuíta *m.* Jesuit, member of the Society of Jesus

Jesús Jesus

Jimena: *wife of the Cid*

Jordán: Lucas Jordán (Luca Giordano) (1632–1705), *Italian painter*

Jorge George

José Joseph

Jovellanos: Gaspar Melchor de Jovellanos (1744–1811), *Spanish author, economist, and statesman*

joven *m.* young man, youth

joven young

joya *f.* gem, jewel

joyería *f.* jewelry

Juan John

Juana Joan

jubileo *m.* jubilee

judaísmo *m.* Judaism

judío *m.* Jew

judío, -a Jewish

juglar *m.* minstrel

juguete *m.* toy; — de tool of

juicio *m.* judgment, opinion

julio *m.* July

Julio Julius

junta *f.* board, council; —s gubernativas governing councils

juntamente jointly, together

juntar join, bring together

junto, -a joined, together

juramento *m.* oath

jurar make an oath, swear

jurídico, -a juridical, legal

jurisconsulto *m.* jurist

justicia *f.* justice

Vocabulario

justiciero, -a fair, just
justo, -a correct, just
juventud *f.* youth
juzgar judge, apprise

K

kilómetro *m.* kilometre, *about 0.62 of a mile*

L

labio *m.* lip
labor *f.* art, work
laboratorio *m.* laboratory
labrador *m.* farmer, peasant
lado *m.* side; al otro — on (at) the other side; por otro — on the other hand; por un — on one hand
ladrillo *m.* brick
ladrón *m.* thief
lágrima *f.* tear
lámpara *f.* lamp
lana *f.* wool
lanar pertaining to sheep
Lancáster: Duque de Lancáster *John of Gaunt,* Duke of Lancaster, *fourth son of Edward III of England*
lanza *f.* lance
lanzarse engage, set out; rush, launch forth; — a la vela set sail
largo, -a large, long; a lo — de along
lastimoso, -a pitiful, shameful
latín *m.* Latin language
latino, -a Latin
lazarillo *m.* guide
lazo *m.* bond, link, tie
Le Cid [*French*] The Cid, *play by Pierre Corneille*
leal faithful, loyal
lealtad *f.* faithfulness, loyalty
lectura *f.* reading
leer read
legalidad *f.* legality
legar bequeath

legendario, -a legendary
legión *f.* legion
legislación *f.* legislation, laws
legitimidad *f.* the rights, legitimacy
legítimo, -a lawful, legitimate
lejano, -a distant, far away
lejos distant, far, far off
lengua *f.* language, tongue
lentamente slowly
León: *province and city in northwestern Spain*
León: Fray Luis de León (1537-1591), *Spanish poet, mystic writer, humanist, and professor at the University of Salamanca*
Leonardo Leonard
leonés *m.* Leonese, native of León
Lepanto: *entrance to the Gulf of Corinth, Greece*
letargo *m.* drowsiness, lethargy
letra *f.* letter; —s learning, letters, literature
levantamiento *m.* insurrection, revolt, uprising
levantar build; raise; —se rebel; rise
Levante *m.* Levant, *eastern coast of Spain*
ley *f.* law; —es sanas good laws
leyenda *f.* legend
liberal *m.* liberal [*politics*]
liberalismo *m.* liberalism
liberar liberate, set free
libertad *f.* freedom, liberty; dar — set free
libertador *m.* liberator
libertarse free oneself
librarse de avoid, escape from
libre free
librería *f.* library; bookstore
libro *m.* book, work; — de caballerías book of chivalry
lienzo *m.* canvas, painting
ligereza *f.* airiness, lightness, swiftness
Lima: *capital of Peru*
limitar bound, limit
límite *m.* border, boundary, limit; sin —s without restraint

241

limpieza *f.* cleanliness
limpio, -a clean; free
linaje *m.* lineage, class
línea *f.* line; — **férrea** railway
lino *m.* flax, linen
lírica *f.* lyric poetry
lírico, -a lyric(al)
lirismo *m.* lyricism
Lisboa Lisbon, *capital city of Portugal*
lista *f.* list
literario, -a literary
literato *m.* literary man
literatura *f.* literature
liturgia *f.* liturgy, ceremony
localidad *f.* locality, place
loco, -a insane, mad
locura *f.* madness, insanity
lógica *f.* logic
lograr achieve, attain, obtain, succeed (in)
Longfellow: Henry W. Longfellow (1807–1882), *American poet*
longitud *f.* length, longitude
lonja *f.* trading house
loor *m.* praise; honor
Lorenzo Laurence; **San —** Saint Laurence (*died* 258)
Louvre *m.: former royal palace in Paris, France, now an art museum*
Loyola: Ignacio de Loyola *Saint* Ignatius of Loyola (1491–1556), *Spanish founder of the Society of Jesus*
Lucas Luke
lucha *f.* struggle, war; — **por la vida** struggle for existence
luchar fight, struggle
luego presently, soon, then
lugar *m.* place; **tener —** take place; **dar — a** give rise to, give occasion to
Luis Louis; **San —** Saint Louis (1215–1270), *King of France, feast-day* 24 *August;* — **XIV** Louis XIV (1643–1715), *King of France;* — **XVI** Louis XVI (1774–1793), *King of France*
Luisa Louise
luna *f.* crescent, moon; **la cruz y la**

media — the cross and the crescent, Christians and Moors
Luna: Álvaro de Luna (*XVth century*), *Castilian statesman*
luteranismo *m.* Lutheranism
Luxemburgo *m.* Luxemburg, *grand duchy southeast of Belgium*
luz *f.* light

LL

llaga *f.* sore, wound
llama *f.* fire, flame
llamar call, name
llaneza *f.* frankness, modesty
llegada *f.* arrival
llegar arrive, reach; attain; — **a (ser)** become, come to, reach, get to
lleno, -a filled, full
llevar bring, carry; lead, take; **—se** carry off; — **a cabo** accomplish, carry out, realize
lluvia *f.* rain

M

madeja *f.* skein
madera *f.* wood
madre *f.* mother; — **patria** mother country
Madrid: *capital city of Spain, located in province of same name, in central Spain*
maestro *m.* master, teacher, tutor
maestro, -a main, masterful, masterly
Magallanes: Fernando de Magallanes Ferdinand Magellan (1470–1521), *Portuguese navigator in the service of Spain*
magnificencia *f.* grandeur, splendor
magnífico, -a magnificent, splendid
magnitud *f.* magnitude
Mahoma Mohammed
mahometismo *m.* Mohammedanism
maja *f. Spanish young woman of the lower classes of Madrid whose manner of dress was often imitated by the upper society*

Vocabulario

majestuoso, -a. majestic

mal *m.* evil; illness

mal badly, poorly

mal: *apocopated form of* malo

malgastar squander, waste

malo, -a bad, wicked, wrong

Mallorca Majorca, *largest of the Balearic Islands*

mallorquín *m.* native of Majorca

mameluco *m.* Mameluke (*soldier recruited by Napoleon in Egypt from slaves converted to Islamism*)

Mancha *f.: region of south-central Spain*

mandar command, order

mandato *m.* command.

mando *m.* command, leadership; al — de under the command of

manera *f.* manner, mode, way; de — exacta accurately; de una — rápida y completa rapidly and completely; — de ser manner of behaving; — de vivir way of living

manganeso *m.* manganese

manifestación *f.* demonstration, manifestation; type

manifestar evince, manifest; —se be evident

manifiesto: poner de — proclaim, make evident

mano *f.* hand; a —s de at the hands of; en —s de in the hands of

mantener keep, maintain, support, uphold

mantenimiento *m.* maintenance, support

mantuvo, mantuvieron *from* mantener

Manuel Emmanuel

manuscrito *m.* manuscript

mapa *m.* map

maquinaria *f.* machinery

mar *m.* sea

maravilloso, -a marvellous, wonderful

marcado, -a marked, pronounced

marcar mark

Marcos Mark; San — Saint Mark, *one of the twelve Apostles*

marcha *f.* departure; march

marchar go, leave

marear navigate

María Mary; Santa — Saint Mary, *Blessed Virgin*

marina *f.* marine, navy; — mercante merchant marine

marinero *m.* mariner, sailor

marino *m.* mariner, seaman

marítimo, -a maritime

mármol *m.* marble

Maroto: Rafael Maroto (*XIXth century*), *Carlist general during the first Carlist war*

marqués *m.* marquis

marrano *m.* pig, swine

Marruecos Morocco

Martel: *see* Carlos

Martín Martin

Martínez Campos: Arsenio Martínez de Campos (1831–1900), *Spanish general*

mártir *m.* martyr

martirio *m.* martyrdom

marzo *m.* March

mas but

más more, most; — bien rather; — conocido better known; — de *or* que more than; no — que only; por — de for more than, for over

masa: las —s the masses

matanza *f.* killing, slaughter

matar kill

matemático *m.* mathematician

Mateo Matthew

materia *f.* material, matter; subject; —s tintóreas dyes; en — religiosa in religious matters

material material; lo — the material side; — de guerra war supplies

matrimonio *m.* marriage

matritense *m.* inhabitant of Madrid

matritense pertaining to Madrid

mausoleo *m.* mausoleum

Maximiliano Maximilian (1493–1519), *Holy Roman Emperor*

máximo, -a maximum, greatest

243

mayo *m.* May
mayor greater, greatest; older, oldest
mayoría *f.* majority
mediados: a — about the middle
medicina *f.* medicine
médico *m.* physician
médico, -a medical
medida *f.* measure; a — que as
medievalista *m.* medievalist, *authority on medieval subjects*
Medina Sidonia: Duque de Medina Sidonia (*XVIth century*), *commander-in-chief of the Invincible Armada*
medio *m.* center, middle; means, way; environment; en — de in the midst of
medio, -a half, half a, a half
Mediterráneo *m.* Mediterranean (Sea)
mediterráneo, -a Mediterranean
Méjico *m.* Mexico
mejor best, better; — dicho or rather
mejora *f.* improvement
mejoramiento *m.* betterment, improvement
mejorar grow better, improve
melancolía *f.* gloom, melancholy
melodramático, -a melodramatic
melón *m.* melon
Mena: Juan de Mena (1411–1456), *Spanish poet*
mención *f.* mention
mencionar cite, mention, refer to
mendicidad *f.* begging
Mengs: Antonio Rafael Mengs (1728–1779), *German painter*
menina *f.* young lady-in-waiting; Las Meninas: *famous painting by Velázquez*
menor minor; smaller, younger
menos least, less; por lo — at least
mercado *m.* market place
mercancía *f.* merchandise; trade
mercante merchant
mercantil commercial, mercantile
mercenario, -a mercenary
mercurio *m.* mercury, quick-silver

merecer be worthy of, deserve; se le hace merecida justicia due credit is given (him)
meridional southern
mérito *m.* merit, worth
mes *m.* month
meseta *f.* plateau, table-land
mestizo *m.* half-breed
metal *m.* metal
metalúrgica, -a metallurgic(al)
metódico, -a methodical
método *m.* method
métrico, -a metric(al)
metrópoli *f.* metropolis, mother country
mezcla *f.* mixture
mezclar(se) mingle, mix
mezquita *f.* mosque
miembro *m.* member
mientras while; — que while; — tanto in the meantime, meanwhile
Miguel Michael
mil *m.* thousand
milagro *m.* miracle, wonder
Milán Milan, *city and former dukedom in northern Italy*
milicia *f.* militia
militante militant
militar *m.* officer, soldier
militar military
milla *f.* mile
millar *m.* thousand
millón *m.* million
mina *f.* mine
mineral *m.* mineral
minería *f.* mining
minero *m.* miner
ministro *m.* (cabinet) minister
minoría *f.* minority
minoridad *f.* minority [*age*]
mirada *f.* look; — al cielo looking toward the sky
mirador *m.* look-out window *or* tower
miseria *f.* misery, penury, poverty
misión *f.* calling; mission
misionero *m.* missionary

Vocabulario

Misisipí *m.* Mississippi *River*

mismo, -a same, self, very; lo mismo the same (thing); lo mismo que as well as; por sí —s by themselves

misterio *m.* mystery

misterioso, -a mysterious

mística *f.* mysticism

místico *m.* mystic

místico, -a mystic, spiritual

mitad *f.* half

mitología *f.* mythology

mitológico, -a mythological

mocedad *f.* youth; —es youthful exploits

moda *f.* fashion, style; de — fashionable, in fashion

modelo *m.* model, pattern

moderado, -a restrained, moderate

modernismo *m.* modernism

moderno, -a modern; a la moderna in the modern manner

modesto, -a modest

modo *m.* manner, way; de este — in this way, thus; de tal — in such a manner; de un — extraordinario in a remarkable way

Molina: María de Molina, *wife of Sancho IV and twice Regent of Castile*

momento *m.* moment

monarca *m.* monarch

monarquía kingdom, monarchy

monárquico, -a monarchical, monarchist

monasterio *m.* monastery

monástico, -a monastic

monje *m.* monk

monopolizar monopolize

monótono, -a monotonous

monstruo *m.* monster, prodigy

montaña *f.* mountain; la Montaña: *Santander province, in northern Spain*

montañoso, -a mountainous

monte *m.* mount, mountain; forest

monumental notable, very important

monumento *m.* monument; building

morador *m.* dweller, inhabitant

Morales: Cristóbal Morales (1512–1553), *Spanish composer*

morbo *m.* disease

Moreno Carbonero: José Moreno Carbonero (*born* 1860), *Spanish painter*

morir die; de no haber muerto if he had not died

morisco *m.*: *Mohammedan converted to Catholicism*

morisco, -a Moorish

moro *m.* Mohammedan, Moor

moro, -a Mohammedan, Moorish

mostrar prove, reveal, show; —se appear, prove to be

motín *m.* uprising

motivar cause, explain

motivo *m.* cause, reason; motif, theme; con — de because of

mover move; —se be active, move about

movido, -a moved, propelled, stirred

movimiento *m.* movement

mozárabe *m.* Mozarab, *Spanish Christian living in Mohammedan territory*

Mozart: Wolfgang Amadeus Mozart (1756–1791), *Austrian composer*

muchacho *m.* boy

muchedumbre *f.* crowd, multitude

muchísimo, -a very much, very many

mucho greatly, much

mucho, -a much; many

mudéjar *m.*: *Spanish Mohammedan living in Christian territory; style of architecture combining Moorish and Spanish characteristics*

muerte *f.* death; a su — at his death; dar — kill

muerto *m.* dead person

muerto, -a dead, killed

muestra *f.* evidence, proof

Mühlberg: *ancient town in Saxony, Germany, on the Elbe River*

mujer *f.* woman; wife, female

Mulhacén: Pico de Mulhacén Mulhacén

245

Peak, *high mountain peak near Granada, in southern Spain*
multiplicar become numerous, multiply
mundial world-wide, world
mundo *m.* world; en todo el — in the whole world, everywhere; por todo el — everywhere; todo el — everybody
municipio *m.* municipality, township
muralla *f.* wall
Murcia: *city and province in southeastern Spain*
murió, murieron *from* morir
muro *m.* wall
museo *m.* museum
música *f.* music
musicalidad *f.* music, musicalness
músico *m.* musician
musicógrafo *m.* composer, musician
musulmán *m.* Mussulman
musulmán, -ana Mohammedan
muy much, very, well

N

nacer appear, be born
naciente growing, rising
nacimiento *m.* birth, rising
nación *f.* country, nation
nacional national
nacionalidad *f.* nation, nationality
nacionalista nationalistic
nacionalizarse become nationalized
nada anything, nothing
nadie no one; mejor que — better than anyone (else)
Napoleón: Napoleón Bonaparte Napoleon Bonaparte (1769–1821), *first Emperor of France*
Nápoles Naples, *city and province in southern Italy*
naranja *f.* orange
narrativo, -a narrative
natal native
natural *m.* naturalness, simplicity; native

naturaleza *f.* nature; character
naturalidad *f.* naturalness
naturalismo *m.* naturalism
náutico, -a nautical
Navarra Navarre, *province and former kingdom in northern Spain*
Navas de Tolosa: *village in the province of Jaén, in southern Spain*
nave *f.* ship
navegable navigable
navegación *f.* navigation
navegante *m.* navigator, seaman
navegar navigate, sail
navío *m.* ship; — armado armored naval vessel
necesario, -a necessary
necesidad *f.* necessity, need; por — out of necessity, obliged to
necesitado, -a needy
necesitar need
negar deny; —se a refuse to
negocio *m.* business; —s de estado state affairs
negro, -a black, dark
neoclasicismo *m.* Neo-classicism
neoclásico, -a Neo-classic(al)
neolatino, -a Neo-Latin
neorromántico, -a Neo-Romantic
Nerón Nero (37–68), *Roman emperor*
nervioso, -a nervous
neutralidad *f.* neutrality
ni neither, nor, not even; ni . . . ni neither . . . nor
nicaragüense Nicaraguan, from Nicaragua, *Central America*
niebla *f.* cloud, fog
nieto *m.* grandson
ningún: *apocopated form of* ninguno
ninguno, -a any, no, none, not any
niña *f.* little girl; Niña: *ship on Columbus' first expedition*
no no, not
Nobel: Alfred Bernard Nobel (1833–1896), *Swedish chemist, founder of the Nobel Prizes*
nobiliario, -a nobiliary

Vocabulario

noble *m.* nobleman
nobleza *f.* nobility; nobleness
nombradía *f.* renown, reputation
nombrar appoint, elect, name
nombre *m.* name
nonius *m.:* vernier scale, *mathematical device to measure very small fractions*
nordeste *m.* northeast
norma *f.* norm, standard
noroeste *m.* northwest
norte *m.* north
norte-africano, -a North African
Norte América *or* Norteamérica *f.* North America, United States
nota *f.* note
notable noted, noteworthy, outstanding, notable
notablemente notably
notar notice, observe
noticia *f.* account, information, piece of news
notoriedad *f.* notoriety
novedad *f.* innovation, novelty
novela *f.* novel; — caballeresca romance of chivalry
novelesco, -a novelesque, novelistic
novelista *m.* novelist
núcleo *m.* center, nucleus
nuevamente again
nuevo, -a new; de nuevo again
Nuevo Méjico *m.* New Mexico
Numancia Numantia, *ancient Spanish city which fought a war with Rome*
numantino *m.* native of Numancia
número *m.* number
numeroso, -a numerous
nunca ever, never
Núñez: Pedro Juan Núñez (1522–1602), *Spanish philosopher, humanist, and scientist*
Núñez de Balboa: Vasco Núñez de Balboa (1475–1517), *Spanish explorer and discoverer of the Pacific Ocean*
Núñez Cabeza de Vaca: Álvar Núñez Cabeza de Vaca (*died* 1564), *Spanish discoverer and navigator*

O

o either, or; — sea or rather
obispado *m.* bishopric
objetivo *m.* objective
objeto *m.* aim, object; con — de with the purpose of
obligación *f.* duty
obligar compel, force
obra *f.* book, work; task; — maestra masterpiece
obrero, -a pertaining to labor
obscurecer darken, obscure
obscuro, -a dark, obscure
observación *f.* observation
observar notice, observe
obstáculo *m.* obstacle
obstante: no — although, in spite of, notwithstanding
obtener obtain, secure
obtuvo, obtuvieron *from* obtener
Ocaña: *town ten miles southeast of Madrid*
ocasión *f.* occasion, opportunity
ocasionar cause
occidental western
occidente *m.* occident, west
Oceanía *f.* Oceania
océano *m.* ocean
octubre *m.* October
ocultamente secretly
ocupar occupy
ocurrir happen, occur
ocho eight
oda *f.* ode
odiar hate
odio *m.* animosity, hatred
oeste *m.* west
ofensivo, -a offensive
oficial official, officer
oficio *m.* occupation, trade
ofrecer give, offer
oír hear; las paredes oyen walls have ears
ojival ogival, *having the pointed arch*
ojo *m.* eye; con buenos —s favorably; con malos —s unfavorably

247

Olivares: Conde-Duque de Olivares
Count-Duke of Olivares (1587–
1645), *Spanish statesman and minister of
Philip IV*
olivo *m.* olive tree
olvidar forget; **se le tenía olvidado** he
was almost forgotten
once eleven
ópera *f.* opera
operación *f.* operation
operar operate
opinión *f.* opinion, public opinion
oponer(se) object (to), oppose
oposición *f.* opposition
oprimir oppress
opuso, opusieron *from* **oponer**
orador *m.* orator
orante praying
orden *m.* kind, order; aspect; **en todos
los órdenes** in every respect
orden *f.* command, order
ordinario, -a common, customary, ordi-
nary, usual
orfebrería *f.* gold *or* silver work
organismo *m.* organism, organization
organización *f.* organization
organizar organize
orgullo *m.* pride
orgulloso, -a proud
orientación *f.* direction; **una — hacia** a
change toward
oriente *m.* east, orient
origen *m.* beginning, origin
originalidad *f.* originality
originalísimo, -a very original, very
quaint
ornamentación *f.* ornamentation, ornament
oro *m.* gold
osado, -a daring
oscuridad *f.* darkness
oscuro, -a = obscuro
otro, -a other, another
Oviedo: *city in the province of Oviedo, in
northwestern Spain, and capital of the old
Kingdom of Asturias*

Oxford: *university town in Oxfordshire,
England*
oyen, oyeron *from* **oír**

P

P.: *abbreviation for* **Padre** Father
Pablo Paul; **San —** Saint Paul, *one of the
twelve Apostles*
paciente patient
pacificador *m.* pacifier
pacificar pacify
Pacífico *m.* Pacific (Ocean)
pacífico, -a pacific, peaceful
pacto *m.* agreement, pact
padecer suffer
padre *m.* father; **—s** parents
pagano, -a heathen, pagan
pagar pay
página *f.* page
país *m.* country, district, land
paisaje *m.* landscape, scene, view
Países Bajos *m. pl.* Low Countries,
Netherlands
palabra *f.* word
palaciego *m.* courtier
palaciego, -a pertaining to the palace
palacio *m.* palace
Palencia: *city and province in northern Spain*
Palestrina: Giovanni da Palestrina (*died*
1594), *Italian composer of religious music*
Palos: Palos de Moguer, *seaport in southwestern Spain*
palpar feel, touch
panteón *m.* pantheon
Papa *m.* Pope
papagayo *m.* parrot
papel *m.* paper
para for, in order to, to; **— que** in order
that, so that; **¿— qué?** for what purpose? what for?
Paraguay: *country in South America*
paralelamente concurrent with, parallel
paralelo, -a parallel
parcial partial

Vocabulario

parecer appear, seem
pared *f.* wall
pariente *m.* relative
París Paris, *capital city of France*
parque *m.* park
parte *f.* part, share; en ninguna — nowhere; en — partly, in part; en todas —s everywhere; la mayor — most; por ninguna — nowhere; por otra — on the other hand; por su — on (her) part; por todas —s everywhere
participación *f.* participation
participar share, take part
particular *m.* particular, subject; private individual
particular personal, private
partida *f.* departure; part; las siete —s: *compilation of laws made under the direction of Alphonso the Wise*
partidario *m.* partisan, supporter
partido *m.* party, political party
partitura *f.* score [*music*]
pasado *m.* past
pasado, -a last, past
pasar pass, spend; change; go over (*to the enemy*); — a ser become
pasatiempo *m.* pastime
paseo *m.* boulevard, promenade
pasión *f.* emotion, passion
paso *m.* step, way; progress; short dramatic composition; mountain pass
pastor *m.* shepherd
pastoril idyllic, pastoral
patente evident, manifest
patio *m.* courtyard, court
patria *f.* country, home-land
patrio, -a native
patriota *m.* patriot
patriótico, -a patriotic
patrón *m.* patron saint
Pavía: *city in northern Italy*
paz *f.* peace
Pazos de Ulloa: *village in Galicia, in north-western Spain*
pedagogo *m.* teacher, educator
pedante pedantic

pedir ask, ask for, request
Pedro Peter
pelear fight
peligro *m.* danger
pena *f.* pain, trouble
penetrar penetrate
península *f.* peninsula; la Península the Iberian Peninsula
penitente *m.* a person undergoing penance
pensador *m.* thinker
pensamiento *m.* idea, mind, thought
pensar think; — + *inf.* intend; — en think of
peor worse, worst
Pepita = Josefa *or* Josefina Josephine
pequeño, -a little, small
perder lose
pérdida *f.* loss
perecer die, perish
peregrinación *f.* pilgrimage
peregrino *m.* pilgrim
Pérez Galdós: Benito Pérez Galdós (1845–1920), *Spanish novelist and dramatist*
Pérez de Guzmán: Alonso Pérez de Guzmán (1256–1309), *famous Spanish warrior*
perfección *f.* perfection; llevar a la — improve, perfect
perfeccionar improve, perfect
perfecto, -a faultless, perfect
periódico, -a periodic(al)
período *m.* age, period, time
perjudicial damaging, harmful
permanecer remain, stay
permanencia *f.* stay
permanente permanent, lasting
permitir allow, permit
pernicioso, -a harmful
pero but
perpetuarse be perpetuated
persecución *f.* persecution
perseguir persecute, pursue
persiguió *from* perseguir
persona *f.* person

Introducción a la Historia de España

personaje *m.* character; —s people
personalidad *f.* individuality, person-
    ality
personalmente in person, personally
pertenecer belong, correspond
perteneciente belonging, pertaining
Perú *m.* Peru, *country in South America*
pesado, -a heavy; dull, tiresome
pesar have weight
pesar: a — de in spite of
pesaroso, -a regretful, sorry
pescado *m.* fish
pesimista pessimistic
peste *f.* plague: — negra Black death
Petrarca: Francesco Petrarca Petrarch
    (1304-1374), *Italian poet*
piadoso, -a pious
pianista *m.* pianist (*man*)
pianista *f.* pianist (*woman*)
picaresco, -a picaresque, roguish
pícaro *m.* rascal, rogue
pico *m.* peak, summit; sombrero de tres
    —s three-cornered hat
pictórico, -a pictorial
pie *m.* foot; de — standing up
piedad *f.* piety, mercy; pietà [*Italian*]
piedra *f.* stone
pilar *m.* column; Pilar: *image of Our Lady
    of the Column, in Saragossa*
piloto *m.* navigator, pilot
Pinta *f.: ship in Columbus' first expedition
    to the New World*
pintar describe, paint, portray
pintor *m.* painter; — de cámara court
    painter
pintoresco, -a picturesque
pintura *f.* painting, picture
Pío Pius
pionero *m.* pioneer
Pirineos *m. pl.* Pyrenees, *mountains be-
    tween France and Spain*
pisar step on
Pizarro: Francisco Pizarro (1475-1541),
    Spanish explorer and conqueror of Peru
plan *m.* plan, scheme
plano *m.* level, plane

plantear raise; present
plata *f.* silver; *see* río
plateresco, -a plateresque
platero *m.* silversmith
plaza *f.* fortress, stronghold; town
    square; — mayor main square
plazo *m.* time, time limit
plebeyo *m.* plebeian
pleno, -a complete, full
plomo *m.* lead
pluma *f.* pen
población *f.* population, city
poblado, -a populous
poblador *m.* settler
pobre poor
poco a little, little, not very; a los —s
    días a few days after; a — de shortly
    after; — a — little by little; — des-
    pués soon after; un — somewhat
poco, -a little, small; few, some; al poco
    tiempo shortly afterwards
poder be able, can
poder *m.* authority, influence, govern-
    ment, power; a — de into the pos-
    session of; en — de under (in) the
    hands of; no pudo haber there could
    not be; se puede decir it can be as-
    sumed.
poderío *m.* domination, power; wealth
poderoso, -a powerful
poema *m.* poem; Poema de Mío Cid
    Epic *or* Poem of the Cid
poemita *m.* little *or* short poem
poesía *f.* poem; poetry
poeta *m.* poet
poético, -a poetic(al)
Poitiers: *city in western France*
policía *f.* police
policromado, -a many colored
polígrafo *m.* prolific writer
política *f.* policy, politics
políticamente politically
político *m.* politician
político, -a political
pompa *f.* pomp, splendor
Ponce de León: Juan Ponce de León

250

Vocabulario

(1460–1521), *Spanish explorer and conqueror*

poner place, put, set; stake; **no pusieron tanto empeño** they did not apply themselves with as much interest; — **ropajes** dress; **—se** become; set [*sun*]

popularidad *f.* popularity

popularísimo, -a very popular

popularizar make popular, popularize

populoso, -a populous, populated

por as, by, during, over, through; because of, on account of; for, for the sake of; out of; **¿— qué?** why? — **(mucho, muchos) que** however (much, many), regardless how

pormenor *m.* detail, particular

porque because, in order that

portada *f.* façade, title page

portador *m.* bearer, carrier

portaestandarte *m.* standard bearer

portentoso, -a extraordinary

pórtico *m.* portico, entrance

Portugal *m.* Portugal

portugués *m.* Portuguese; Portuguese language

portugués, -esa Portuguese

porvenir *m.* future

poseer possess

posesión *f.* dominion, possession

posibilidad *f.* chance, opportunity, possibility

posible possible

posición *f.* place, point, position

positivo, -a positive

pósito *m.* public storehouse (*for grain*)

posteridad *f.* posterity

posterior following

postguerra *f.* after the war

póstumo, -a posthumous

potencia *f.* power, strong nation

potente potent, powerful

practicar exercise, practise

práctico, -a practical

Pradilla: Francisco Pradilla (1847–1921), *Spanish painter*

precedente preceding, precedent

precioso, -a valuable, precious

precipitar(se) hasten, plunge, rush

precisamente precisely

preciso, -a indispensable, necessary

precursor *m.* forerunner, precursor

predecesor *m.* predecessor

predecir foretell, predict

predicación *f.* preaching

predicador *m.* preacher

predicar preach

predominante predominant

predominar be predominant, predominate

predominio *m.* predominance, superiority

preeminente prominent

preferencia *f.* preference

preferir choose, prefer

preguntar ask, inquire

prehistoria *f.* pre-recorded history

prehistórico, -a pre-historic

prelado *m.* prelate

premio *m.* prize

prensa *f.* press; — **periódica** newspapers

preocupación *f.* conventionality, anxiety, preoccupation

preocupar preoccupy; **—se por** concern oneself with, be concerned, be worried

preparar prepare

preparativo *m.* preparation

preponderancia *f.* influence, power, preponderance, ascendency

prerromano, -a pre-Roman

prescindir (de) dispense (with), ignore

presencia *f.* presence; **en — de** in the presence of

presenciar witness

presentar offer, present; **—se** appear

presente present

presidencia *f.* presidency

presidente *m.* president

presidir preside

prestar give, lend, render

prestigio *m.* prestige

pretender aspire, pretend, seek

pretendiente *m*. pretender
pretensión *f*. aspiration, claim
pretexto *m*. excuse, pretext
prima *f*. cousin
primario, -a elementary, primary
primer (*apocopated form of* primero); —
  ministro prime minister
primeramente first, in the first place
primero, -a first
primitivo, -a early, primitive
primo *m*. cousin
Primo de Rivera: Miguel Primo de Rivera
  y Orbaneja (1870–1930), *Spanish gen-*
  eral and statesman
primogénita *f*. first-born
primogénito *m*. first-born
primogénito, -a first-born
princesa *f*. princess
principal main, principal
principalmente mainly
príncipe *m*. prince; — heredero heir
  apparent; Príncipe Negro Black
  Prince (1330–1376), *son of Edward*
  III, King of England
principio *m*. beginning; principle; a —s
  de at the beginning of; al — at
  first, at the beginning; desde un —
  from the very beginning; en un —
  in the beginning
prisa *f*. hurry; a toda — in all haste
prisionera *f*. prisoner
prisionero *m*. prisoner
prisionero, -a imprisoned
privado *m*. favorite [*court*]
privar deprive
privilegiado, -a privileged
privilegio *m*. grant, exemption, privilege
probar prove, test, try out
problema *m*. problem, question
procedencia *f*. origin
procedente coming (from)
proceder come from, originate
procedimiento *m*. method, process
proceso *m*. development
proclamar acclaim, declare, proclaim
procurar try

prodigar lavish
producción *f*. output, production
producir create, produce
producto *m*. product; example, result
produjo *from* producir
profano, -a profane
profesar profess; follow
profesional *m*. professional
profesor *m*. professor
profeta: el — the Prophet (Mohammed)
profundamente deeply, profoundly
profundidad *f*. depth, profundity
profundizar deepen, go deep into
profundo, -a deep, profound
progresar progress
progresivo, -a progressive
progreso *m*. progress
prohibir forbid, prohibit
prolífico,-a prolific
prolongación *f*. extension
prolongar continue, prolong
promesa *f*. promise
prometedor, -ora promising, of promise
prometer promise
promulgar proclaim, promulgate
pronto soon
propagación *f*. propagation
propiamente properly, strictly, actually
propiedad *f*. property
propio, -a own, same, self; muy — de
  appropriate to
proponer intend, propose
proporción *f*. proportion
propósito *m*. intention, purpose
propulsor *m*. patronizer, promoter
prosa *f*. prose
prosista *m*. prose writer
prosperidad *f*. prosperity
próspero, -a prosperous
protección *f*. protection
protector *m*. protector
protector, -ora defensive
protectorado *m*. protectorate
proteger protect
protesta *f*. protest

Vocabulario

protestante *m.* Protestant
protestante Protestant
protestar protest
provecho *m.* benefit, profit
provenir derive, originate
provenzal Provençal (*from Provence, France*)
providencia *f.* Providence
provincia *f.* province
provocar cause, provoke
proximidad *f.* nearness, proximity
proyecto *m.* plan, project
prudencia *f.* moderation, prudence; con — y energía prudently and energetically
prudente prudent, wise
prueba *f.* experiment, proof, trial
pseudónimo *m.* pseudonym
psicológico, -a psychological
publicación *f.* publication
públicamente in public, publicly
público, -a public
pudo, pudieron *from* poder
pueblo *m.* people; country, nation
puente *m.* bridge
puerta *f.* door, gate
puerto *m.* harbor, port
Puerto Rico *m.* Porto Rico
pues for, since, then, therefore
puesto *m.* place, position, rank; — que since
púnico, -a Carthaginian, Punic
puntal *m.* support
punto *m.* moment, point; extent; hasta cierto — to a certain extent; — de encuentro meeting place
puramente strictly
pureza *f.* purity
puro, -a pure
puso, pusieron *from* poner

Q

que that, which, who, whom; than; so that, as, for; el — the fact that, that; the one who; lo — what, that which

¿que? what? which? ¿para —? why? what for? ¿por —? why?
quedar(se) remain, stay; be, be left; como ya queda dicho as has already been said
queja *f.* complaint
quemar burn
querer love; want, wish; — decir mean; quiso, quisieron tried to
quien who, whom
¿quién? who? whom?
Quijote Quixote, *hero of* El ingenioso hidalgo Don Quijote de la Mancha, *masterpiece of Cervantes*
quiso, quisieron *from* querer
quitar deprive, prevent, take away, remove
quizá(s) perhaps

R

Rábida: Santa María de la Rábida *Franciscan monastery near Palos*
racionalista rationalistic
Raimundo Raymond
raíz *f.* foundation, origin, root
rama *f.* branch, off-shoot
Ramón Raymond; — Berenguer IV (1131–1137), *count of Barcelona and ruler of Aragon and Catalonia*
rápidamente rapidly
rápido, -a rapid, sudden
rapsodia *f.* rhapsody
raro, -a rare, strange, unusual
rasgo *m.* character, feature, trait
raza *f.* lineage, race
razón *f.* cause, reason; consideration; con — rightly
razonamiento *m.* reasoning
reacción *f.* reaction
real real; royal
realeza *f.* royalty
realidad *f.* reality, truth
realismo *m.* realism
realista realist(ic)
realizar accomplish, carry out, realize

253

realmente really
reanimar encourage, reanimate
reanudar renew, resume
rebelarse rebel, revolt
rebelde *m.* rebel
rebelde rebellious
rebeldía *f.* rebellion
rebelión *f.* rebellion
rebosante full, overflowing
recaudar collect, gather
recibir obtain, receive
reciente recent
recientemente recently
recio, -a strong, virile
recitado *m.* dialogue
recitar recite
reclamar claim
reclusión *f.* prison, reclusion
reclutar recruit
recobrar recover, regain
recoger get, pick up, take (on)
recompensar reward
reconocer accept, recognize
reconquista *f.* reconquest; la Reconquista
 the Reconquest *of Spain from the Mohammedans*
reconquistar reconquer
reconstrucción *f.* reconstruction
recordar recall, remind, remember
recorrer travel, traverse
recrearse take delight
recto, -a straight
rector *m.* president (of a university)
recuperar recover, regain
rechazar reject, turn down
redacción *f.* editing, preparation
reducir limit, reduce
referencia *f.* reference
referir relate, tell
refinado, -a polished
reflejar portray, reflect
reforma *f.* change, improvement, reform; la Reforma the Reformation
reformar correct, reform
reforzar reinforce, strengthen
refractario, -a opposed; rebellious

refrescar refresh, review
refugiarse take refuge
refugio *m.* refuge
regencia *f.* regency
regeneración *f.* awakening, regeneration
regente *m.* regent
régimen *m.* government, régime, rule
regio, -a regal, royal
región *f.* district, region
regionalista local, regional, regionalist
regir rule, govern
regla *f.* rule; — de vida rule of behavior
regresar return
rehabilitar rebuild, restore
reina *f.* queen
reinado *m.* reign
reinar reign
reino *m.* kingdom, realm
relación *f.* relation
relacionado, -a related
relieve *m.* distinction, importance; relief
religión *f.* religion
religiosidad *f.* religiosity
religioso, -a religious
remedio *m.* recourse, remedy; no tuvo otro — que he couldn't help but
remoto, -a distant, remote
renacentista pertaining to the Renaissance
renacer rise again, spring up
renacimiento *m.* awakening, Renaissance, revival
rencor *m.* animosity, grudge
rendición *f.* fall, surrender
rendir(se) fall, surrender, yield
renegar de deny, renounce
renombrado, -a famous, renowned
renombre *m.* fame, renown
renovación *f.* reform, renovation
renuncia *f.* abdication, resignation
renunciar (a) give up, renounce, resign
reñido, -a bitter, hard-fought
reorganizar reorganize

Vocabulario

repartición *f.* distribution, division
repartir distribute, divide
repercutir resound, reverberate
repetir repeat
repoblación *f.* repopulation
repoblar repopulate, repeople
reposado, -a peaceful
reposar lie, rest
representación *f.* performance, play, representation; —es pictóricas en color colored figures
representante *m.* representative, delegate
representar portray, represent
representativo, -a representative
represión *f.* control, repression
reproducir copy, reproduce
república *f.* republic
republicano *m.* republican
republicano, -a republican
reputación *f.* renown, reputation
rescatar rescue, set free
reservar reserve
residente resident; residing
residir live, reside
resistencia *f.* endurance, resistance
resistir hold out, resist; —se (a) refuse
resolver decide, solve
resonancia *f.* echo, resonance; tener — attract attention
resonante resonant, resounding
resorte *m.* spring
respectivamente respectively
respetar honor, respect
respeto *m.* respect, consideration
respirar breathe
responder answer; cater to
responsable responsible
restablecer re-establish, restore
restauración *f.* restoration
restaurar restore
resto *m.* remainder, remnant, rest; —s body, remains
resucitar revive
resultado *m.* outcome, result
resultante which resulted

resultar prove to be, result
resumen *m.* summary; en — in brief, in short
retablo *m.* altar piece
retador *m.* challenger
retener keep, retain
retirar(se) retreat, withdraw, retire
retiro *m.* retirement, retreat
retórico *m.* rhetorician
retorno *m.* return
retratar depict, portray
retratista *m.* portrait painter
retrato *m.* picture, portrait
retroceso *m.* retrocession, relapse
reunir assemble, gather
revés *m.* misfortune
revisar revise, review
revoltoso, -a rebellious
revolución *f.* revolution
revolucionario, -a revolutionary
rey *m.* king; los Reyes Católicos the Catholic Rulers, *Ferdinand of Aragón and Isabella of Castile*
Ricardo Richard
rico, -a rich
ridiculizar ridicule
riego *m.* irrigation
Riego: Rafael Riego (1784–1823), *Spanish general executed in 1823 for having revolted against Ferdinand VII*
rienda: dar — suelta give free rein to
rigidez *f.* rigidity
riguroso, -a rigorous, severe, strict
rima *f.* rhyme
rincón *m.* corner
río *m.* river; Río de la Plata: *viceroyalty formed in Spanish colonial days by the countries of Uruguay, Argentina, and southern Bolivia*
riqueza *f.* wealth; excellence
riquísimo, -a very rich, wealthy
ritmo *m.* rythm
rito *m.* rite, ceremony
rival *f.* rival
rivalidad *f.* rivalry, competition
rivalizar compete, rival, vie

255

Rivas: **Duque de Rivas** (1791–1865), *Spanish poet and statesman*
Rivera: *see* **Primo de Rivera**
robustecer strengthen
robusto, -a robust, vigorous
roca *f.* rock
Rocroy: **Rocroi**, *town in northeastern France*
rodear encircle, surround
Rodrigo Roderick
Roma Rome, *capital city of Italy and ancient Empire*
romance *m.* ballad poem
romance Romance, Romanic; language derived from Latin
romancero *m.* collection of Spanish ballads
románico, -a Romanesque, Romanic
romano *m.* Roman
romano, -a Roman
romanticismo *m.* Romanticism
romántico, -a Romantic, pertaining to Romanticism
romper break, tear down
ropaje *m.* garb, vestment(s)
Rosales: **Eduardo Rosales** (1836–1873), *Spanish painter*
Rosalía Rosalia, Rosalie
rudo, -a rude, severe
rueda *f.* wheel
Rueda: **Lope de Rueda** (*died* 1565), *early Spanish dramatist*
ruina *f.* downfall, ruin
Ruiz: **Juan Ruiz**, *Archpriest of Hita* (*XIVth century*), *Spanish poet*
rupestre *pertaining to figures painted or carved on rocks*
ruta *f.* course, route
Rusia Soviética *f.* Soviet Russia

S

saber know, know how; **se sabe** it is known
saber *m.* knowledge, learning
sabio *m.* sage, scholar, wiseman
sabio, -a learned, wise

sabor *m.* flavor, taste
sabotaje *m.* sabotage
Saboya Savoy, *ruling House of Italy*
sacar take out; save
sacerdote *m.* priest
sacrificar sacrifice
sacrificio *m.* sacrifice
sacudimiento *m.* upheaval
sagrado, -a sacred
saguntino *m.* inhabitant of Sagunto
Sagunto Saguntum, *town near Valencia, in southeastern Spain*
Sahara *m.* Sahara desert
sal *f.* salt; charm, grace, wit
Saladino Saladin (1137–1193) *Sultan of Egypt*
Salado *m.: river in southwestern Spain*
Salamanca: *city and province in western Spain*
salazón: **fábrica de —** salting house for fish
salida *f.* departure, leaving
Salinas: **Francisco Salinas** (1513–1590), *Spanish humanist, musician, and mathematician*
salir come out, go out, leave
salón *m.* hall
salteador *m.* holdup man
saludar greet, hail, welcome
salvación *f.* salvation
salvador *m.* savior
salvar save
San: *apocopated form of* **Santo**
San Agustín Saint Augustine, *city in the State of Florida*
San Pedro: **Diego de San Pedro** (*XVth century*), *Spanish novelist*
San Quintín Saint Quintin, *town in northeastern France*
San Salvador: *first land discovered by Columbus in the New World, now known as Watling's Island, one of the Bahamas*
saneamiento *m.* drainage
sanear improve the condition
sangre *f.* blood
sanguinario, -a sanguinary

Vocabulario

Sannazaro: Jacobo Sannazaro (1458–1530), *Italian poet and novelist*
sano, -a sound, wholesome
Sante Fe: *town near Granada, in southern Spain*
Santa María: *flagship of Columbus' first expedition*
Santander: *province and city in northern Spain*
Santiago Saint James, *one of the twelve Apostles;* — **Matamoros** St. James the Slayer of Moors
Santiago: Santiago de Compostela, *city in the province of La Coruña, in northwestern Spain*
Santillana: *town in the province of Santander, in northern Spain*
Santillana: Marqués de Santillana, Iñigo López de Mendoza (1398–1458), *Spanish poet and prose writer*
santo *m.* saint
santo, -a holy, saint, saintly
Santos Lugares Holy Land, Holy Sepulchre
saqueo *m.* loot, plunder
sarraceno *m.* Saracen
sátira *f.* satire
satírico *m.* satirist
satírico, -a satiric(al)
satirizar satirize
satisfacer satisfy
sazón *f.* season; **a la** — at that time, then
sea: o — or rather
Sebastián Sebastian
sección *f.* part, section
seco, -a arid, dry
secreto, -a secret
secta *f.* sect
sectario, -a sectarian
sector *m.* sector
secundar aid, favor, second, support
seda *f.* silk
sefardí *m.* Sephardic Jew
Segovia: *city in the province of the same name, in west-central Spain*

seguida: en — at once, immediately
seguir continue, follow, keep on
según according to, as
segundo, -a second
segundón: — **de casa grande** the second son of a noble family
seguro, -a safe, certain
selecto, -a select
semana santa Holy Week
semejante like, similar; alike
semejar resemble
semilla *f.* seed
semita Semitic
senado *m.* senate
sencillez *f.* modesty, simplicity
sencillo, -a modest, plain, simple
seno *m.* bosom, inner circle; **en el** — **de** within
sensación *f.* impression, sensation
sensibilidad *f.* sensitiveness
sentarse sit down
sentencia *f.* sentence
sentido *m.* meaning, sense; understanding
sentimentalismo *m.* sentimentality
sentimiento *m.* feeling, sentiment; sense; — **moral** morality; moral sensibility
sentir feel, regret; **dejarse** — to be felt
señal *f.* sign, signal
señalar mark, point out
señor *m.* lord, master; gentleman, man; sir
separación *f.* secession, separation
separadamente separately
separar divide, separate; —**se** part, secede
separatista separatist
septiembre *m.* September
sepulcro *m.* sepulchre
sequedad *f.* dryness, dullness
ser be, become, happen; **o sea** or rather; **sea como sea** be as it may
ser *m.* being, person
serenamente calmly
serenata *f.* serenade
serenidad *f.* calm, serenity

257

sereno, -a calm, serene

serie *f.* series

serio, -a earnest, serious

Servet, Miguel Michael Servetus, *famous Spanish doctor and theologian burned at the stake by Calvin*

servicio *m.* service; al — de in the service of

servir serve; — de serve as

seudónimo *m.* pseudonym

severo, -a stern, strict

Sevilla Seville, *city and province in southern Spain*

sexo *m.* sex

si if, whether; — bien although

sí certainly, indeed, yes

Sicilia *f.* Sicily

siciliano *m.* Sicilian

siempre always; para — forever

sierra *f.* mountain range; Sierra Nevada: *mountain range in southern Spain*

siervo *m.* serf, slave

siglo *m.* age, century; Siglo de Oro Golden Age

significación *f.* meaning, value

significado *m.* meaning

siguiente following; al día — on the following day

siguió, siguieron *from* seguir

sillería *f.* stall

simbólico, -a symbolic(al)

simbolismo *m.* symbolism

símbolo *m.* symbol

simetría *f.* symmetry

simpatía *f.* affection, liking, preference, sympathy

simpático, -a likeable, pleasant

simplicidad *f.* simplicity

sin (que) without; — embargo however, nevertheless, notwithstanding

sinagoga *f.* synagogue

sincero, -a frank, sincere

sindicación: — obrera formation of labor unions

sindicalista *m.* syndicalist

singular extraordinary

sino (que) but, but rather

sinónimo *m.* synonym

sinónimo, -a synonymous

siquiera at least, even; ni — not even

Siria *f.* Syria

sistema *m.* method, system

sitiar besiege

sitio *m.* place, spot; siege

situación *f.* location, situation

situar locate, situate

Sixtino, -a Sistine, *pertaining to the Sistine Chapel in the Vatican*

soberanía *f.* power, rule, sovereignty

soberano *m.* ruler, sovereign

soberano, -a sovereign, supreme

soberbio, -a superb, magnificent

soberbiamente superbly

sobre on, over, upon; about, concerning; — todo especially

sobrenatural miraculous

sobrenombre *m.* epithet, nickname, title

sobresaliente outstanding

sobresalir be distinguished, excel, stand out

sobriedad *f.* sobriety

sobrino *m.* nephew

socialista *m.* Socialist

sociedad *f.* society; social life

Sócrates Socrates (B. C. 469–399) *Greek philosopher*

sol *m.* sun

solamente only

soldado *m.* soldier

Soler: Martín Soler *(XVIIIth century), Spanish composer*

solicitar ask for, apply for

sólo merely, only; no — sino que not only but

solo, -a alone, only, single

solución *f.* solution

solucionar solve, find solution

sombra *f.* shade, shadow

sombrío, -a gloomy, somber

someter subject, submit; —se surrender, yield

sonoridad *f.* sonority

Vocabulario

soportar endure, support
sordera *f.* deafness
sordo, -a deaf
Soria: *city in the province of the same name, in north-central Spain*
sorprendente surprising
sorprender overtake, surprise
sospechoso, -a suspicious
sostener carry on, hold, sustain
sostuvo, sostuvieron *from* sostener
sotileza = sutileza
Soto: Hernando de Soto (1499–1542), *Spanish explorer*
subir ascend, climb, rise
sublevación *f.* revolt, uprising
sublevar(se) rise in rebellion
sublime sublime
subordinar subject, subordinate
subsistir last, subsist
substituir replace
subsuelo *m.* subsoil
suceder follow, take the place of; happen
sucesión *f.* succession
suceso *m.* event, incident
sucesor *m.* successor
sucesora *f.* successor
sud *m.* south
Sudamérica *f.* South America
sudamericano, -a South American
sudeste *m.* southeast
sudoeste *m.* southwest
sueldo *m.* pay, salary
suelo *m.* land, soil; landscape; — patrio native country
sueño *m.* dream
suerte *f.* fate, fortune, luck
suevo *m.* Swabian
suevo, -a Swabian
suficiente enough, sufficient
sufragar defray
sufragio *m.* suffrage
sufrir suffer
sugerir suggest
Suiza *f.* Switzerland
sultán *m.* sultan

suma *f.* sum; compendium: en — in short
sumamente exceedingly, highly
suministrar furnish, supply
suntuosidad *f.* magnificence
suntuoso, -a magnificent
superar excel, surpass
superficie *f.* area, surface
superior superior, higher
superioridad *f.* superiority
superstición *f.* superstition
suplicio *m.* execution, torture
supo, supiera, supieron *from* saber
suponer assume, suppose; como es de — as is to be supposed; se supone it is supposed
supremacía *f.* superiority, supremacy
supremo, -a supreme
supresión *f.* suppression
suprimir suppress
sur *m.* south
surgir appear
surrealista surrealistic
suspender suspend, postpone
sustituir = substituir
sutileza *f.* sagacity, subtlety

T

tabla *f.* table
tacaño *m.* miser; rogue
tácito, -a tacit, quietly
taifa faction
Tajo *m.* Tagus, *river in central Spain, flowing into the Atlantic at Lisbon*
tal such, such a, such as; con — de que provided that; — vez perhaps
talento *m.* talent, cleverness
taller *m.* workshop
tamaño *m.* size
también also, too
tampoco neither
tan as, so, such a
tanto, -a so much, so many, as many; en tanto que while; entre tanto

259

meanwhile; **otro tanto** (just) the same
thing; **por lo tanto** therefore; **tanto
... como** both ... and, as well as; **un
tanto** somewhat
tapiz *m.* tapestry
tardar delay, take long
tarde late
tarea *f.* task, duty; care
Tarifa: *town in the province of Cádiz, in
southwestern Spain*
teatral theatrical
teatro *m.* drama, theater; stage
técnica *f.* technical ability, technique
técnico, -a technical
techo *m.* ceiling, roof
tejer weave
tejido *m.* textile fabric
telégrafo *m.* telegraph, telegraphy
tema *m.* theme, subject
temer fear
temerario, -a fearless
temeroso, -a afraid, fearing
temperamento *m.* character, tempera-
ment
tempestad *f.* tempest, storm
templado, -a mild, temperate, warm
Templario *m.* Knight Templar
templo *m.* temple
temporal *m.* storm, tempest
temprano early
tenaz stubborn, tenacious
tendencia *f.* aim, tendency
tener have; **— que** have to; hold; **—
por** consider as; **— ... años** be ...
years old
teoría *f.* theory
tercio *m.* third; infantry regiment
Teresa Theresa
terminar bring to an end, end, finish
término *m.* end, term
ternura *f.* tenderness
terreno *m.* field, ground, land
terrestre earthly, terrestrial
territorialmente territorially
territorio *m.* land, territory
tertulia *f.* gathering

Teruel: *city and province in east-central
Spain*
tesis *f.* contention, theory, thesis
tesoro *m.* treasure, treasury
testamento *m.* testament, will
testimonio *m.* evidence, testimony
tiempo *m.* time; weather; **¿cuánto —?**
how long? **a —** on time; **con el —**
with time; **en otro —** formerly; **por
este —** at this time; **por mucho —** for
a long time
Tiépolo: Juan Bautista Tiépolo (1696–
1770), *Italian painter*
tierra *f.* country, earth, land; **— de
nadie** no man's land; **— firme** terra
firma; **Tierra Santa** Holy Land;
Tierra de Fuego: *southernmost point of
South America, separated from the main-
land by the Strait of Magellan*
tímido, -a timid
tintóreo, -a pertaining to dyes
típicamente typically
típico, -a characteristic, typical
tipo *m.* character, type; class
tiranía *f.* tyranny
tiránico, -a despotic, tyrannical
tirano *m.* despot, tyrant
titular entitle, name
título *m.* title
tizona *f.* brand, sword; **Tizona:** *name of
Cid's sword*
tocar touch
todavía still, yet; **— no** not yet
todo everything
todo, -a all (of), every; **ante todo** first
of all; **con todo** nevertheless; **sobre
todo** especially; **todo un (toda una)** a
whole
Toledo: *city in the province of the same name,
in central Spain*
tolerancia *f.* tolerance
tolerante tolerant
tomar capture, take
Tomás Thomas
tono *m.* manner, shade; taste
torero *m.* bull-fighter

Vocabulario

Tormes *m. river near Salamanca*
Toro: *city in the province of Zamora, in western Spain*
torre *f.* tower
Torres Naharro: Bartolomé de Torres Naharro *(died* 1531?*), Spanish dramatist*
tortuoso, -a tortuous, winding
totalitario, -a totalitarian
totalmente totally
trabajador *m.* worker, workman
trabajador, -ora industrious, working
trabajar labor, work
trabajo *m.* task, work
tradición *f.* tradition
tradicional traditional
traducción *f.* translation
traducir translate
traductor *m.* translator
traer bring
Trafalgar: *cape on the coast of Spain, southeast of Cádiz*
tragedia *f.* tragedy
trágico, -a tragic
traición *f.* treason; **a —** treacherously
traidor *m.* traitor
traje(s) *m.* dress, costume
trajo, trajeron *from* **traer**
tramar instigate, plan, plot
tranquilidad *f.* calm, tranquility
transcurso *m.* course, lapse of time
transformar(se) change, transform
transición *f.* transition
transmitir transmit
transplantar = **trasplantar**
transporte *m.* transportation
tras after, behind
trascendencia *f.* importance
trascendental far-reaching, important
trascender pass (over), spread
trasladar move, take, transfer; **—se** move away
trasmitir transmit
trasplantar take to, transplant
tratado *m.* treaty; treatise
tratar discuss, treat; **— de** attempt, try to; **—se de** be a question of, deal

with; **se trata** it concerns, it deals with
trato *m.* behavior, conversation; **de afable —** affable, pleasant
través: a — de across, through
trayecto *m.* distance; course, way; road
trayectoria *f.* trajectory, course
trazar draw, plan, sketch
trece thirteen
tregua *f.* truce
Trento Trent, *city in northern Italy*
tribunal *m.* court of justice, tribunal
tribu *f.* tribe
tributo *m.* tax, tribute
trigo *m.* wheat
trilogía *f.* trilogy
tripulación *f.* crew
triste gloomy, sad
tristeza *f.* sadness, sorrow
triunfal triumphal, triumphant
triunfalmente triumphantly
triunfante triumphant
triunfar triumph
triunfo *m.* triumph, victory
trompa *f.* trumpet
tronco *m.* origin, stock
trono *m.* throne
tropa *f.* army, forces, troops
tropezar meet, run into
trovador *m.* minstrel, troubadour
tumba *f.* grave, tomb
turco *m.* Turk
turco, -a Turkish
tutela *f.* guardianship, tutelage
tuvo, tuvieran, tuvieron *from* **tener**

U

u *(before* **o** *and* **ho**) or
último, -a last; **a últimos de** in the latter part of, toward the end of; **por último** finally, lastly
ultraje *m.* outrage
ultramar *m.* (country) beyond the sea
único, -a only, unique, single

261

unidad *f.* unity
unido a added to
unificar unite
uniforme *m.* uniform
unión *f.* union
unir join, unite
unitario -a unitarian
universalmente universally
universidad *f.* university
universitario of the university; intellectual
usar use, utilize, make use
uso *m.* use
usurpador *m.* usurper
utilizar use, utilize
Utrecht: *city and province of the Netherlands*

V

vaca *f.* cow
vacante vacant; vacancy
vacilante irresolute
vacuno, -a pertaining to cows
vagancia *f.* loafing
vago *m.* loafer, vagabond
vaivén *m.* fluctuation; —es ups and downs
Valdés Leal: Juan de Valdés Leal (1630–1691), *Spanish painter*
Valdivia: Pedro de Valdivia (1510–1569), *Spanish conqueror of Chile*
Valencia: *seaport city and province in southeastern Spain*
valenciano, -a Valencian
valer be worth, merit; le valió won for him; se valió made use of; valía la pena was worth while
valeroso, -a brave, courageous
valiente brave, bold
valientemente bravely
valioso, -a valuable
valor *m.* bravery, courage, valor; value
Valladolid: *city in province of the same name in north-central Spain*

valle *m.* valley
Van Eyck: Juan Van Eyck (1366–1426), *Flemish painter*
vándalo *m.* Vandal
vanidad *f.* vanity
vano, -a frivolous, vain
vapor *m.* steam, vapor
variante *f.* difference
variar vary
variedad *f.* diversity, variety
vario, -a different, various
varón *m.* male, man
vasallo *m.* vassal
vasco *m.* Basque, Basque language
vasco, -a Basque
vascongado, -a Basque; las Vascongadas the Basque Provinces, *in northern Spain; namely, Álava, Vizcaya, and Guipúzcoa*
Vasconia Basque country
vasto, -a great, immense, vast
Vázquez de Coronado: Francisco Vázquez de Coronado (1510?–1549?), *Spanish explorer*
vecino, -a near by, neighboring
vegetal vegetal, vegetable
veintena *f.* score
vela *f.* sail; darse a la — set sail; hacerse a la — set sail
velar safeguard, watch
velloso, -a hairy
vena *f.* vein
vencedor *m.* conqueror, victor
vencedor, -ora conquering, victorious
vencer conquer, defeat, subdue
vencido *m.* the conquered one
veneciano, -a Venetian
Venezuela: *country in South America*
vengar avenge
vengativo, -a revengeful
venida *f.* arrival, coming
venir arrive, come; be; — a ser come to be
ventajoso, -a advantageous
ventanal *m.* church window, opening
ventura *f.* luck

Vocabulario

ver look, see; —se be; se puede — can be seen
verbena *f.* night festival
verdad *f.* truth; true
verdaderamente really, truly
verdadero, -a real, true
verdor *m.* greenery, greenness, verdure
Vergara: *town in the province of Guipúzcoa, in northern Spain*
verificarse take place
vergonzoso, -a shameful
Versalles Versailles, *city near Paris, France*
versificar relate in verse, versify
verso *m.* verse; —s poetry; de — fácil poet of great facility
vestir dress; — de dress in, wear
vez *f.* time, turn; a la — at the same time; a su — in its turn; a veces at times, sometimes; cada — más more and more; en — de instead of; otra — again; tal — perhaps; por primera — for the first time; una — once; unas veces sometimes
vía *f.* route, way; — férrea railway; — fluvial waterway
viaducto *m.* viaduct
viajar travel
viaje *m.* journey, trip
viajero *m.* traveler
Viana: Príncipe de Viana Prince of Viana (1421–1461), *son of John II of Aragón and of Blanche of Navarre*
Vicente Vincent
vicio *m.* defect, vice
víctima *f.* victim
victoria *f.* victory
Victoria: Tomás Luis Victoria (1540?–1608?), *Spanish composer of religious music, successor of Palestrina in Rome*
victorioso, -a triumphant, victorious
vid *f.* grape, grapevine
vida *f.* existence, life
viejo, -a old
Viena Vienna, *capital city of Austria*
viento *m.* wind

vigente in force, prevailing
vigilar watch
vigor *m.* strength, vigor
vigoroso, -a vigorous, strong
villa *f.* town, village
Villanueva: Juan de Villanueva (1739–1810), *Spanish architect*
Villaviciosa: *town in the province of Guadalajara, in central Spain*
vínculo *m.* tie; — matrimonial marriage
vino, vinieron *from* venir
violencia *f.* disturbance, violence
violento, -a violent
violinista *m.* or *f.* violinist
virgen *f.* virgin; la Virgen *Blessed* Virgin Mary
virilidad *f.* fortitude, virility
virreinato *m.* viceroyalty
virrey *m.* viceroy
virtud *f.* virtue; en — de by virtue of
visigodo *m.* Visigoth
visigodo, -a Visigothic
visigótico, -a Visigothic
visión *f.* sight, view, vision
visitar visit
vista *f.* sight, view; en — de in view of
vitalidad *f.* vitality
Vitoria: Fray Francisco de Vitoria (1480–1546), *professor at Salamanca*
Vivar: Vivar del Cid, *village in the provine of Burgos, in north-central Spain*
vivir live
vivo, -a alive, living; intense, vivid
vocabulario *m.* vocabulary
vocación *f.* calling, vocation
volumen *m.* volume
voluminoso, -a voluminous
voluntad *f.* desire, will, will power; fuerza de — will power
voluntariamente voluntarily
voluntario *m.* volunteer
volver come back, return, turn; — a + *inf.* to . . . again; —se become, turn
vos you (*archaic*)

263

vuelo *m.* flight
vuelta *f.* return, turn; **dar la —** go
around
vuelto *from* **volver**

W

Wéllington: Duke of Wellington (1769–
1852), *British general*

X

Ximena = Jimena
Ximénez = Jiménez

Y

y and
ya already, finally, now; **no . . . —** no
longer; **— no** no longer; **— que** in
as much as, since, now that
yerno *m.* son-in-law
York: Duque de York *Edmund* Duke of

York (1341–1402), *married the daughter
of Peter the Cruel of Castile*
yugo *m.* yoke
Yuste: *old monastery, today in ruins, in
southern Extremadura, in southwestern
Spain*

Z

Zalamea: *town in the province of Badajoz,
in southwestern Spain*
Zamora: *city and province in western Spain*
zapatero *m.* shoemaker
Zaragoza Saragossa, *city in the province
of the same name, in northeastern Spain*
zarzuela *f.* light opera, musical comedy
zinc *m.* zinc
zona *f.* zone; **— templada** temperate
zone, *region of moderate climate*
Zorrilla: José Zorrilla (1817–1893),
Spanish lyric and dramatic poet
**Zumalacárregui: Tomás de Zumalacá-
rregui** (1788–1835), *Spanish Carlist
general in first Carlist war*

ESPAÑA: Regiones y capitales de Provincia